LA
DAME DE SAINT-TROPEZ

DRAME EN CINQ ACTES,

PAR MM. ANICET-BOURGEOIS ET DENNERY,

Représenté pour la première fois, à Paris, sur le théâtre de la Porte-Saint-Martin,
le 23 novembre 1844.

Personnages.		*Acteurs.*
GEORGES MAURICE, 43 ans (premier rôle)	MM.	Frédéric Lemaitre.
ANTOINE CAUSSADE (deuxième premier rôle)		Jemma.
CHARLES D'ARBEL, 24 ans (jeune premier)		Clarence.
LANGLOIS, notaire, 57 ans (financier)		Moessard.
Le comte d'Auberive, 65 ans (père noble)		Marius.
JÉROME, aubergiste (deuxième comique)		Dubois.
GERFAUT, médecin (troisième rôle)		Mullin.
DOMINIQUE, 60 ans		Vissot.
PREMIER OUVRIER		Marchand.
JOSEPH		Potonnier.
HORTENSE D'AUBERIVE (jeune-premier rôle)	Mmes	Clarisse Miroy
PAULINE LANGLOIS (grande coquette)		J. Rey.
CHARLOTTE CAUSSADE (soubrette)		Saint-Firmin.
TOINETTE, femme de Jérôme		Dubois.
VÉRONIQUE, servante		Héloise.
Ouvriers, Matelots.		

L'action se passe en 1781.

Le premier acte à Paris. — Le deuxième, à l'auberge de Cerny. — Les trois autres, à Saint-Tropez.

ACTE PREMIER

Un riche salon de l'hôtel d'Auberive. — Porte au fond, ouvrant sur un autre salon. — Porte à droite, conduisant chez Hortense. — Porte à gauche, conduisant chez le comte. — Cheminée à gauche, au troisième plan, avec pendule. — Fenêtre à droite, deuxième plan. — Causeuse à droite, au premier plan. — Fauteuil à gauche, au premier plan. — Guéridon à gauche, avec encrier, plumes, papier et livres.*

SCENE I.

CHARLES D'ARBEL, DOMINIQUE.

(Au lever du rideau, Charles est assis près d'un guéridon, tenant un journal à la main, qu'il jette à la vue de Dominique, qui entre par une des portes latérales.)

CHARLES, avec affection.

Bonjour, Dominique.

* Les indications *droite* et *gauche*, doivent être toujours comprises droite et gauche du spectateur.

DOMINIQUE, avec respect.

Votre serviteur, monsieur.

CHARLES, se levant.

M'a-t-on annoncé à M. d'Auberive ?

DOMINIQUE.

M. le comte, brisé de fatigue, s'est mis au lit fort tard ; il n'a pas encore sonné... et j'ai craint...

CHARLES.

De troubler un repos bien nécessaire à son âge... vous avez raison, Dominique, j'attendrai le lever de mon cousin. Votre retour a été aussi imprévu que l'avait été votre départ. M. Langlois, le nolaire, l'ami de M. d'Auberive, l'attendait avec impatience.

DOMINIQUE.

Monsieur avait, de son côté, grande hâte d'arriver. Nous sommes restés quatre jours et trois nuits en voiture... Malgré mes soixante ans, j'ai supporté cela assez bravement; mais M. le comte était, hier au soir, à bout de ses forces.

CHARLES.

Sa santé est si faible, si chancelante... Ma cousine n'est pas visible non plus ?

DOMINIQUE.

C'est aujourd'hui le troisième anniversaire de la mort de Mme d'Auberive, et vous savez que mademoiselle ne manque jamais de se rendre à Saint-Nicolas-des-Champs, ce jour-là.

CHARLES.

Oui, je sais qu'Hortense est une bonne et sainte fille.

DOMINIQUE.

Vous aussi, monsieur d'Arbel, vous gardez la mémoire des morts. Vous n'avez jamais non plus oublié le 20 septembre.

CHARLES, avec émotion.

Mon pauvre père !

(On sonne dans l'intérieur des appartemens.)

DOMINIQUE.

Voilà, je crois, la sonnette de M. le comte... (Allant à la fenêtre.) Et la voiture de mademoiselle entre dans la cour.

CHARLES.

Hortense!

DOMINIQUE, souriant.

Maintenant, M. le comte a le temps de s'habiller, vous allez prendre patience.

(Il salue et sort par la porte à gauche.)

ooooooooooooooooooooooooooooooooooooooooooooooooo

SCÈNE II.

CHARLES, puis HORTENSE.

CHARLES, à lui-même.

Allons... du courage... C'est un adieu peut-être éternel...

(Hortense entre vivement. — Elle a une robe noire, et un voile noir jeté sur sa tête, et qu'elle ôte en entrant.)

HORTENSE, courant à Charles, comme à un protecteur.

Ah ! Charles... c'est vous.

CHARLES, lui prenant la main.

Quel trouble... quelle émotion !... Pour Dieu ! ma cousine, qu'avez-vous?

HORTENSE, cherchant à se remettre.

Rien... mon ami... rien, je vous le jure.

CHARLES.

Vous essayez en vain de me tromper... que vous est-il arrivé ?

HORTENSE, plus calme et souriant presque.

Charles... vous ne comprendrez pas que ce qui n'est que l'œuvre du hasard puisse apparaître parfois comme l'œuvre de la fatalité... Tenez... ma frayeur a été celle d'un enfant... Parlons d'autre chose.

CHARLES.

Permettez-moi d'insister.

HORTENSE.

Eh ! bien... tout à l'heure... j'étais à genoux devant la tombe de ma pauvre mère... je priais avec une ardente ferveur... car je priais aussi pour mon père, dont la tristesse et l'abattement m'inquiètent et me désolent. — Ma prière était à peine achevée... qu'en levant les yeux j'aperçus, debout, devant moi, un homme dont le regard semblait ne pas me quitter... Instinctivement effrayée, je restai immobile sous ce regard... Je n'osais ni appeler ni fuir... Enfin cet homme, devinant sans doute la terreur étrange, involontaire, qu'il m'inspirait... s'éloigna... Quand le bruit de ses pas se fut éteint... je baisai le marbre de la sainte tombe... et je partis... Devant la grille d'une des chapelles latérales, je revis encore cet homme... Il se tenait incliné, le front nu, devant une pierre sur laquelle je lus avec surprise... le nom de M. d'Arbel.

CHARLES.

De mon père !... Et cet homme ?...

HORTENSE.

Je l'ai vu ce matin pour la première fois.

CHARLES.

Votre crainte était imaginaire et folle. Mais quel peut être cet homme qui s'inclinait ainsi devant la tombe du pauvre marin ?... tombe élevée d'ailleurs par une main inconnue... la même, sans doute, qui prit soin de mon enfance...

HORTENSE.

Mon père m'a dit, en effet, que, depuis la mort de M. d'Arbel, une secrète protection s'était étendue sur vous.

CHARLES.

Cette protection commença peu de jours après la mort de mon père, qui fut tué comme un traître, lorsqu'il accomplissait le plus saint des devoirs. Dans les mers des Indes, sous les ordres du bailli de Suffren, nos marins avaient remporté une victoire éclatante sur les Anglais; mais toute la flotte avait vu avec indignation, au plus fort du combat, le vaisseau le *Sévère* amenant son pavillon ! A peine cet ordre honteux venait-il d'être donné que mon père court vers le grand mât, en disant au capitaine : « Je clouerai si bien notre pavillon là-haut, que nul ne pourra l'amener !» Il s'élance, et tombe tout à coup frappé d'une balle !...

Un matelot avait fait feu sur celui qu'il croyait être un lâche. Mon père tomba sur le pont et ne survécut que peu d'heures à sa blessure. Il mourut entouré de gens qui le maudissaient; il mourut croyant, le pauvre martyr, ne laisser à son fils qu'un nom flétri, déshonoré.

HORTENSE.

Mais le capitaine, en avouant la vérité, fit bientôt réhabiliter sa mémoire ?

CHARLES.

Depuis le jour où la balle d'un matelot me fit orphelin... mon mystérieux bienfaiteur n'a pas failli à la tâche qu'il s'était imposée. Au sortir du collège, où j'avais été placé par ses soins, car votre père absent alors n'avait pu venir en aide à mon malheur, j'appris que j'étais maître de choisir la carrière que je voudrais suivre. On m'annonça qu'une somme de dix mille livres serait mise chaque année à ma disposition. Je ne pouvais ni refuser cet argent, ni demander le nom de qui me le donnait... Une lettre sans signature accompagne toujours cet envoi... et cette lettre ne renferme que ces mots : « Acceptez sans scrupules, c'est une dette qu'on acquitte ! »

HORTENSE.

Sans doute, quelque obligé de votre père.

CHARLES.

Pourquoi s'est-il dérobé à ma reconnaissance ?... J'étais donc seul au monde, quand M. d'Auberive, de retour avec vous d'un long voyage, voulut bien se souvenir que le lieutenant d'Arhel avait été son parent, son ami... Il m'appela dans sa maison.

HORTENSE.

Où il vous traita bientôt comme un fils.

CHARLES.

Ce fut aussi à cette époque que je compris ce que je devais à mon protecteur inconnu, aux bontés de M. d'Auberive, à la mémoire de mon père. Je voulus porter dignement le nom qui m'avait été laissé. Pour arriver à la considération, à la fortune, vingt routes m'étaient ouvertes : j'hésitais entre elles, lorsqu'il y a deux ans une maladie mortelle sembla devoir rouvrir, pour M. d'Auberive, la tombe à peine fermée de votre mère. Je voyais vos larmes, votre désespoir... et je ne pouvais rien... moi qui aurais voulu racheter au prix de tout mon sang cette existence qui vous était si chère. Un homme vint, qui, d'un mot, releva votre courage et vous rendit votre croyance qui chancelait. Comme Dieu, cet homme put vous dire : Je sauverai votre père ! Cet homme était une des gloires de la science... Vous étiez à ses genoux, couvrant sa main de vos baisers, la baignant de vos larmes... De ce moment, mon choix était fait... j'étais médecin. Moi aussi, me disais-je je lutterai contre la mort ; moi aussi, je lui disputerai ses victimes... et, quelque jour, une bienheureuse mère bénira mon nom, une douce jeune fille le mêlera dans sa prière. Tous les instants que je ne passais pas auprès de vous, Hortense, je puis vous l'avouer maintenant, je les consacrais au travail... J'ai enfin été reçu docteur... et je viens vous faire mes adieux.

HORTENSE.

Vos adieux !

CHARLES.

Une horrible épidémie décime la population des îles Baléares. M. de Maurepas a ordonné que des médecins français allassent étudier et combattre ce fléau. J'ai été assez heureux pour voir mon nom inscrit sur la liste... et je vais partir. Majorque sera pour moi un champ de bataille, et l'œil du ministre m'y suivra peut-être.

HORTENSE.

Mais pourquoi cette ambition, cet empressement de parvenir ?

CHARLES.

Parce que vous êtes noble, Hortense, et que je ne suis rien ; parce que vous êtes riche et que je suis pauvre.

HORTENSE, lui tendant la main.

Je vous avais deviné, Charles... Écoutez-moi, mon ami. Quelque élevée que soit la position de mon père, quelque grande que soit sa fortune, j'ai toujours espéré qu'il me laisserait maîtresse du choix de mon époux. — Quand M. d'Auberive vous présenta à moi, il me dit : Il est malheureux, aime-le bien, mon enfant... Et je vous aimai, Charles, comme j'aurais aimé mon frère. Un jour vint où je compris que ce n'était plus une tendresse de frère que vous aviez pour moi... et, je vous l'avouerai, Charles, mon cœur s'en réjouit.

CHARLES.

Il serait vrai !

HORTENSE.

Pourquoi le cacherai-je ?... Cet amour est saint et pur comme le souvenir de ma mère, qui vous aimait aussi, qui nous avait unis dans sa pensée. Charles, aujourd'hui même je parlerai à mon père... il ne veut que mon bonheur... Mon ami, vous ne partirez pas.

CHARLES.

Oh ! mais c'est un rêve !...

DOMINIQUE, annonçant.

Monsieur et madame Langlois.

HORTENSE.

Faites entrer. (A Charles.) Aurez-vous assez de confiance en moi pour me laisser conduire seule cette négociation ?... Alors, revenez tantôt, je vous ferai connaître la réponse de mon père.

CHARLES.

Me trouvera-t-il digne de vous? Oh ! il refusera !

HORTENSE.

Alors je ne serais point à vous, Charles... mais je ne serais à personne.

(Charles baise vivement la main que lui présente Hortense.)

SCÈNE III.

Les Mêmes, LANGLOIS, PAULINE.

PAULINE, courant embrasser Hortense.

Bonjour, ma toute belle.

LANGLOIS, saluant.

Veuillez agréer, mademoiselle, l'assurance de ma considération distinguée ..

PAULINE, riant.

Signé, Langlois... comme au bas de vos lettres. Décidément, mon ami, vous êtes par trop... notaire royal. (Apercevant Charles.) Ah! ah! vous voilà donc, monsieur le docteur! M. Langlois m'a dit votre secret. (A Hortense.) Quand nous le croyions au bal, il passait les nuits à étudier... (Allant à Charles.) Vous n'avez encore tué personne, n'est-ce pas?... Donnez-moi la main... Vous aurez ma clientelle... quand mon mari sera malade.

LANGLOIS.

Je suis un bien mauvais client pour Esculape... Je n'ai eu dans ma vie qu'une seule indisposition... c'était la coqueluche... Il y a long-temps, cela date de 1734.

PAULINE.

Taisez-vous donc... je vous ai défendu de dire votre âge...

LANGLOIS.

L'amour n'en a pas.

PAULINE, riant.

C'est possible; mais l'hymen paraît toujours le double de celui qu'il a... Eh bien! vous nous quittez, monsieur Charles?

CHARLES.

J'aurai l'honneur de vous revoir.

(Il salue et sort.)

SCÈNE IV.

HORTENSE, PAULINE, LANGLOIS.

PAULINE.

C'est un aimable et bon jeune homme que ce M. d'Arbel.

LANGLOIS, préoccupé.

Excellent jeune homme !... Je voudrais bien voir M. d'Auberive.

HORTENSE, sans écouter Langlois.

Il veut partir...

LANGLOIS.

Qui?

HORTENSE.

Le ministre envoie des médecins aux îles Baléares, pour combattre une épidémie qui dévore la population, et Charles a envié et obtenu le dangereux honneur de faire partie de cette expédition...

PAULINE.

Ah ça ! le ministre ne veut donc plus nous laisser que des notaires !... C'est affreux.

LANGLOIS.

C'est horrible !... Heureusement qu'il reste aussi des millionaires... Tenez, un de mes cliens, mon meilleur client! M. Georges Maurice...

PAULINE.

Ah ! oui, le corsaire.

LANGLOIS.

Armateur, ma chère, armateur ; un charmant homme, brave comme un Jean Bart et riche comme un nabab. Du port de Saint-Tropez, son pays, où il a commencé par être simple matelot, il équipe aujourd'hui des flottes entières. Il a fait des prises immenses aux Anglais.

PAULINE.

Très bien. — J'ai horreur de ces gens-là. On assure qu'ils vendent leurs femmes au marché. — Fi! les vilains !... Pour en revenir à votre brave corsaire?...

LANGLOIS.

Armateur...

PAULINE.

Soit... Vous disiez?...

LANGLOIS.

Je disais que ce cher M. Maurice était encore à marier. A chacun des voyages qu'il fait à Paris, je veux me ménager un beau contrat à faire; mais le brave marin a peur du mariage. Il ne sait pas tout ce qu'il y a de bon à ne se mêler de rien chez soi... à n'avoir pas le droit... je veux dire besoin de dire un mot. C'est charmant! Après ça, il est jeune, il a le temps de se décider.

PAULINE.

Quel âge a-t-il donc?

LANGLOIS.

Quarante-deux ans !

PAULINE.

C'est juste! vous avez attendu plus tard que cela.

LANGLOIS, baisant la main de Pauline.

Pour mon bonheur!

PAULINE.

Comment donc! de la galanterie...

LANGLOIS.

Je serais comme ça toute la journée, si je n'étais pas notaire... Je voudrais bien voir M. d'Auberive. (Il regarde la pendule.)

HORTENSE.

Mon père repose encore; mais si vous avez besoin de lui parler...

LANGLOIS.

Absolument besoin... avant midi, et il est onze heures. (Hortense sonne, un domestique paraît.)

HORTENSE.

Voyez si mon père peut recevoir M. Langlois. (Elle va s'asseoir sur la causeuse, à droite, et prend une broderie.) Pauline, vois donc comme ce dessin est joli.

LANGLOIS.

Il est charmant... Mesdames, je vous demande la permission de classer ces diverses pièces. (Il va se mettre devant la cheminée, à gauche.)

PAULINE, allant s'asseoir près d'Hortense.

Il faut bien qu'on vous l'accorde... Figure-toi, ma chère amie, que mon mari est le plus parfait notaire de France et de Navarre. Il notarie partout.. dans la rue, à table, au salon... jusque dans ma chambre... Quand nous sommes seuls, il ne me parle que d'usufruit et ne rêve que d'hypothèques. Croirais-tu que le jour de ses noces M. Langlois a quitté le bal pour aller recevoir un testament ?

HORTENSE, bas et souriant.

Tu as fait là un singulier mariage.

PAULINE, à mi-voix.

Oui, je sais que M. Langlois avait de moins que moi un blason qui remonte au temps des croisades, et de plus que moi trente ans à peu près... Mais on m'a dit qu'il possédait autant de mille livres de rentes que d'années... et je ne l'ai pas trouvé bien vieux...

HORTENSE.

Quel âge avait-il donc ?

PAULINE.

Cinquante... mille livres de rentes... Avec l'illustre nom des Dormesson, je ne possédais que les portraits de mes aïeux et un tout petit revenu de 4,800 livres. En me retirant de notre couvent, ma tante d'Esterbck, qui est une femme de sens, me fit voir M. Langlois... Je le trouvai un peu gros, mais très bonhomme... il me fit rire... ça me rassura un peu... Il m'envoya une corbeille magnifique, ça me rassura tout à fait. Enfin, que te dirai-je ? je suis heureuse, très heureuse... Je n'étais que marquise aux Ursulines, je suis reine... chez moi... Et c'est si gentil de commander... En ménage, comme en politique, je ne connais que le gouvernement absolu.

LANGLOIS, se levant.

Je crois que voilà M. le comte.

HORTENSE, se levant aussi.

Mon père !

(Elle va au devant de M. d'Auberive, qui paraît sur le seuil de la porte à gauche. Il est en costume du matin, et semble accablé plutôt sous le poids des souffrances que sous le poids des années. Il embrasse sa fille à plusieurs reprises.

ooooooooooooooooooooooooooooooooooooooooooooooooooo

SCÈNE V.

PAULINE, LANGLOIS, LE COMTE, HORTENSE.

LE COMTE, à Pauline.

Pardonnez-moi, madame... de ne vous avoir point aperçue tout d'abord... mais, en entrant, je n'ai vu que ma fille... Je suis si heureux de me retrouver auprès d'elle... (Il l'embrasse encore.) Je me suis peut-être fait attendre?

LANGLOIS.

Je suis vraiment confus de m'être présenté chez vous si tôt, mais il y avait urgence... et je me vois à regret forcé de vous parler d'affaires.

LE COMTE.

Aujourd'hui ?

LANGLOIS

Tout de suite.

HORTENSE, souriant, et la tête sur l'épaule de son père.

Moi aussi, mon bon père... j'ai à te parler d'affaires, et d'affaires sérieuses.

LANGLOIS.

Vous me permettrez de les croire moins sérieuses, et surtout moins importantes que celle dont dont je viens entretenir M. le comte.

HORTENSE

Aussi, monsieur le notaire, ne demandé-je à être entendue qu'après vous.

LE COMTE.

Va, ma fille. Mme Langlois voudra bien nous donner cette journée... Je sais combien elle a été bonne pour toi pendant mon absence.

PAULINE.

Nous vous laissons, messieurs. (Bas, à Hortense.) Pourras-tu me dire, à moi, cette affaire si sérieuse?

HORTENSE, souriant.

C'est impossible... avant une grande heure d'ici.

PAULINE.

Méchante, tu abuses de ma curiosité.

(Elles sortent par la porte à droite.)

ooooooooooooooooooooooooooooooooooooooooooooooooooo

SCÈNE VI.

LE COMTE, LANGLOIS.

LE COMTE, s'asseyant et indiquant un fauteuil à Langlois.

Je vous écoute.

LANGLOIS, se plaçant sur un fauteuil, près du comte.

Depuis huit jours, monsieur le comte, ne vous voyant pas arriver, j'étais sur les épines. J'as savez que la personne qui, par acte passé dans mon étude, il y a six ans, vous a prêté, sur hypothèque, quatre cent cinquante mille livres, demande son remboursement?

LE COMTE.

L'époque de ce remboursement est-elle donc arrivée déjà?

LANGLOIS.

Depuis huit jours... Comme, avant votre départ, vous ne m'aviez rien dit à ce sujet, j'ai pensé que vous étiez en mesure.

LE COMTE, vivement.

Dans le cas contraire, ne pourrais-je obtenir un délai?

LANGLOIS.

Il serait trop tard pour en demander.

LE COMTE.

Comment!

LANGLOIS.

M. Georges Maurice, votre prêteur, et mon meilleur client, renonçant aux courses en mer, vient d'acheter deux nouvelles fermes: il finira par être propriétaire de toute sa province. M. Maurice est à Paris et vous attendait impatiemment; je lui ai donné rendez-vous à votre hôtel, à midi.

LE COMTE.

Qu'avez-vous fait?

LANGLOIS.

Je vous savais souffrant... je voulais vous éviter la fatigue d'un déplacement... j'ai apporté la quittance, ce sera l'affaire de quelques minutes.

LE COMTE.

Je suis perdu!

LANGLOIS.

Plaît-il?

LE COMTE.

Il m'est impossible de payer.

LANGLOIS, se levant.

Miséricorde! Cet argent, me disiez-vous, était en mains sûres... qu'en avez-vous donc fait?

LE COMTE, se levant et avec dignité.

Vous allez le savoir. (Il agite une sonnette, Dominique paraît au fond. — A Dominique.) Priez Mlle d'Auberive de descendre au salon.

(Dominique sort par la porte à droite; le comte va s'asseoir ou plutôt retomber sur son fauteuil, à gauche.)

LANGLOIS, à part.

Je suis anéanti... M. Georges Maurice ne peut rien perdre... l'hypothèque est excellente... mais il comptait sur un remboursement immédiat... comment lui apprendre...

DOMINIQUE.

Voici mademoiselle.

LE COMTE.

Fermez les portes et veillez à ce que personne ne vienne nous interrompre.

(Dominique sort par le fond.)

SCÈNE VII.

LES MÊMES, HORTENSE.

HORTENSE, avec gaîté.

Mille remercîmens, monsieur le notaire, vous n'avez pas trop tardé à me céder la place... Mon bon père, à mon tour maintenant, de te... (Apercevant l'émotion de M. d'Auberive et voyant des larmes dans ses yeux.) Mon Dieu!... souffres-tu davantage? Oh! tu pleures... tu pleures!... Ah! que se passe-t-il donc?... et pourquoi me regardes-tu ainsi?

LE COMTE.

Je cherche dans tes yeux le courage qui me manque... Hortense... ma fille... me pardonneras-tu?...

HORTENSE.

Vous pardonner... moi!

LE COMTE.

Ma fortune... celle de ta mère... le présent, l'avenir... tout est perdu. Cet hôtel que nous habitons, joint à ce que je possède encore, pourra suffire à peine à rembourser un homme qui, confiant en mon honneur, en mon crédit, m'a prêté une somme considérable qu'il vient réclamer aujourd'hui. En te disant notre ruine, qui est mon ouvrage, je ne veux pas que tu puisses m'accuser d'avoir follement dissipé un bien que je devais te laisser intact... (Se levant.) J'ai cru accomplir un devoir... Ma fille, et vous, mon ami, jugez-moi. Avant toi, mon Hortense, le ciel m'avait donné un fils, notre nom devait revivre en lui. Il y a six ans, ce fils mourut... et mourut par un suicide!

HORTENSE et LANGLOIS.

Un suicide!

LE COMTE.

A ta mère, à toi... à tout le monde, j'ai caché cet affreux malheur; car, il aurait fallu vous dire: ce fils, ce frère, objet de tendresse et d'orgueil, avait déshonoré sa famille, et il s'est tué parce qu'il s'est trouvé sans forces devant l'infamie...

HORTENSE.

L'infamie!

LE COMTE.

La soif du plaisir, le besoin d'or l'avaient poussé dans l'abîme; il avait contracté des dettes énormes et donné pour gage à ses créanciers des titres entachés de faux.

HORTENSE.

Oh! mon Dieu!

LE COMTE.

J'offris la moitié de ce que je possédais pour effacer les traces de ce crime. A cette époque, la presque totalité de ma fortune étant entre les mains de MM. Salvador, les plus riches banquiers de Marseille, pour éviter tous délais qui auraient pu amener la découverte de la vérité, j'empruntai à M. Georges Maurice, client de M. Langlois, quatre cent cinquante mille livres. Le moment de rembourser cette somme approchait. J'avais écrit à MM. Salvador de tenir à ma disposition l'argent dont ils étaient dépositaires. Je ne recevais aucune réponse. Dévoré d'inquiétudes, je partis pour Marseille, et j'arrivai le jour même où la banqueroute de la maison Salvador était déclarée. Après de vains efforts pour recueillir au moins quelques débris de ma fortune perdue... je suis revenu à Paris, implorant la miséricorde divine... non pas pour moi, mais pour ma fille.

HORTENSE, se jetant dans ses bras.

Mon père !...

LE COMTE, l'embrassant.

Mon enfant... Tu me pardonneras, n'est-ce pas... d'avoir, au prix de notre fortune, racheté l'honneur de ton frère ?

LANGLOIS.

Tout en rendant pleine justice aux nobles sentimens qui vous ont guidé dans cette malheureuse affaire... permettez-moi de vous demander quel parti vous comptez prendre ?.. l'heure approche...

LE COMTE.

J'abandonnerai à votre client mes fermes de Margency et cet hôtel.

LANGLOIS.

Cela représente au moins la somme prêtée... mais il ne vous restera plus rien.

LE COMTE.

Je craignais ma fille bien plus que je ne crains la misère.

HORTENSE, à part.

La misère... pour lui !...

LANGLOIS.

A votre âge... avec votre nom... votre santé !... ce serait horrible... — Onze heures et demie déjà... et c'est à midi que M. Georges Maurice doit venir... Passons, je vous prie, dans votre cabinet ; nous allons examiner les baux de vos fermiers, asseoir une sorte de bilan... Je voudrais vous voir au moins de quoi vivre.

(M. d'Auberive, sans écouter le notaire, n'a pas quitté des yeux Hortense, qui est restée un moment immobile et pensive. Avant de suivre Langlois, M. d'Auberive va à sa fille et lui tend la main. Hortense, revenant à elle, embrasse son père avec amour.)

LE COMTE.

Venez, mon ami... j'ai du courage à présent.

(Ils sortent par la porte de gauche.)

<hr>

SCÈNE VIII.

HORTENSE, puis PAULINE.

HORTENSE, tombant sur le fauteuil à gauche.

Mon pauvre père !... Il n'est plus là... je puis pleurer... M. Langlois avait raison... la misère... pour lui... ce serait affreux... la force lui manquerait pour la supporter... Oh ! c'est à présent que Charles va regretter de n'être pas riche... Avec quelle joie je lui aurais dû le bonheur de mon père...

PAULINE, entrant vivement par la droite.

Tu es bien aimable... tu me laisses deux heures en tête-à-tête avec le *Journal des Savans*... Je n'y tenais plus, et, au risque d'être indiscrète, je suis venue... Eh bien ! tu as parlé à M. d'Auberive... peux-tu me dire enfin ce grand secret de ton cœur ?

HORTENSE.

Ah ! Pauline, il n'y a plus dans ce cœur que du désespoir !

PAULINE.

Que me dis-tu là !...

(Ici on entend frapper à la porte de l'hôtel.)

HORTENSE, se levant.

On frappe à la porte de l'hôtel... C'est Charles, peut-être... Que lui dire à présent?

PAULINE.

Que s'est-il donc passé ?

HORTENSE, allant à la fenêtre, puis s'en éloignant vivement.

Ah !

PAULINE.

Qu'as-tu donc ?

HORTENSE.

Encore cet homme !

PAULINE, allant à Hortense.

De qui parles-tu?

HORTENSE, retournant à la fenêtre.

Que vient-il faire ici? Oh! je me serai trompée...

PAULINE, la suivant.

Hortense, réponds-moi donc...

DOMINIQUE, au fond, introduisant Georges.

Monsieur, veuillez attendre dans ce salon, je vais prévenir M. Langlois.

(Il entre chez le comte, à gauche.)

SCÈNE IX.

Les Mêmes, GEORGES MAURICE, puis LANGLOIS.

(Georges entre dans le salon sans être vu d'abord des deux dames et sans les apercevoir.)

PAULINE, à Hortense, près de la fenêtre.

Comme te voilà pâle!... Tu m'effraies... je vais appeler... (Elle se retourne vivement et jette un cri de surprise à la vue de Georges.) Ah !

GEORGES, devant la pendule.

Je suis exact !

HORTENSE, qui s'est aussi retournée.

C'est bien lui !...

GEORGES, saluant, et regardant Hortense.

Singulier hasard !...

(Il salue encore et remonte vers la cheminée, et là, debout, il examine Hortense.)

PAULINE, amenant Hortense à l'avant-scène, à droite.

Quel est ce monsieur ?... que veut-il ?

HORTENSE.

Je l'ignore...

PAULINE.

Attends... je vais le savoir...

LANGLOIS, entrant à gauche.

Qui me demande ?

PAULINE, allant à lui.

Ah! vous arrivez à propos... pour nous débarrasser d'un homme qui est là... et qui effraie Hortense.

LANGLOIS.

Vraiment !... où est-il, ce...

GEORGES, qui, pendant ce temps, s'est approché de Langlois, lui frappe doucement sur l'épaule et lui montre la pendule.

Il est midi.

LANGLOIS.

Eh ! c'est vous... mon cher monsieur...

PAULINE, bas.

Vous connaissez cet homme ?

LANGLOIS, bas.

Comment donc ! c'est **M.** Georges Maurice, un de mes cliens... que dis-je, mon meilleur client ! (Plus bas.) C'est mon millionnaire. (A Hortense.) C'est le créancier de **M.** d'Auberive...

HORTENSE.

Lui !

GEORGES, à Langlois, qui s'est rapproché de lui en le saluant.

Quelle est cette jeune personne ?

LANGLOIS.

C'est la fille de **M.** le comte... (Bas.) Je vous dirai qu'un moment j'ai cru à un retard dans votre remboursement... mais tout pourra s'arranger. **M.** d'Auberive nous attend dans son cabinet.

GEORGES, qui a toujours regardé Hortense.

Je suis à vos ordres, monsieur Langlois.

LANGLOIS.

C'est moi qui suis aux vôtres... aujourd'hui, demain, toujours. Permettez-moi de vous conduire...

GEORGES, saluant Hortense et Pauline.

Mesdames... (En s'en allant.) C'était bien elle...

(Il entre avec Langlois dans le cabinet du comte.)

SCÈNE X.

HORTENSE, PAULINE.

PAULINE, le suivant des yeux.

Un millionnaire! ça ! Au fait, M. Langlois l'est aussi...

HORTENSE, à elle-même.

La destinée de mon père dans les mains de cet homme ! !... Oh! ma terreur de ce matin était un pressentiment!

PAULINE.

Que dis-tu ?

HORTENSE.

Je dis que M. Georges Maurice a prêté à mon père quatre cent cinquante mille livres qu'il ne peut lui rendre... je dis que tout ce que nous possédions est maintenant à M. Georges Maurice.

PAULINE.

Ah! mon Dieu !

HORTENSE.

Mon pauvre père!... Il est là, abandonnant à ce créancier ce qu'il appelait la fortune de son enfant... Comme il doit souffrir... Oh! ma place est auprès de lui...

(Elle va s'élancer vers le cabinet de M. d'Auberive : le comte en sort, toujours pâle et faible, mais calme et résigné.)

HORTENSE, l'embrassant.

Mon bon père!... j'allais à toi pour te donner du courage...

LE COMTE.

Je viens de déléguer tout ce que nous avions pour rembourser mon créancier. Je n'ai pas eu la force d'assister à ce débat jusqu'à la fin ; je suis sorti, laissant (A Pauline.) votre mari préparer l'acte qui va faire M. Maurice maître de cet hôtel... que nous quitterons dès aujourd'hui... Pour quelque temps, madame Langlois voudra bien nous donner l'hospitalité.

PAULINE.

Oh! monsieur... Hortense... tout ce que j'ai est à vous.

LE COMTE.

Je sais que vous êtes une bonne et sincère amie.

HORTENSE.

Oh! Charles non plus... ne nous abandonnera pas.

LE COMTE.

Charles... oui, c'est un noble cœur... J'avais espéré... j'avais rêvé pour lui... pour toi... mais il n'y faut plus songer... Mlle d'Auberive n'apportera pas à son époux la misère en dot.

(Il tombe sur la causeuse, à droite.)

HORTENSE, à elle-même.

La misère!... (Courant à son père.) Oh! je t'en supplie, prends courage... ta fille te reste... Elle travaillera, s'il le faut. Elle ne regrettera rien de son passé... rien... si Dieu lui conserve son père!...

(Hortense est à genoux devant son père qui, tout en sanglotant, couvre sa fille de baisers. Pauline cache sa figure dans son mouchoir. Georges sort alors du cabinet, à gauche, et s'arrête à la vue de ce tableau.)

ooooooooooooooooooooooooooooooooooooooooooooooo

SCÈNE XI.

PAULINE, LE COMTE, HORTENSE, GEORGES, LANGLOIS.

(A la vue de Georges, le comte relève doucement sa fille, étouffe ses larmes et se redresse avec effort, mais avec dignité.)

LE COMTE, se levant.

Messieurs, tout est-il fini ?

LANGLOIS.

L'acte est dressé.

LE COMTE.

Et cet acte, où est-il ?

GEORGES, le montrant.

Le voici, monsieur...

LANGLOIS.

Il n'y manque que votre signature.

LE COMTE.

Donnez ?...

(Il prend l'acte des mains de Georges, et se dirige vers le guéridon. Georges, qui semble combattu par une émotion qu'il veut en vain cacher, s'approche de M. d'Auberive et le retient doucement.)

GEORGES.

Savez-vous, monsieur, que, cet acte signé, il ne vous restera plus rien ?

LE COMTE.

Je le sais, monsieur.

GEORGES, hésitant.

Et moi... je l'ignorais, quand j'ai demandé mon remboursement. .Je ne pensais ruiner personne...

LE COMTE.

Vous étiez dans votre droit.

GEORGES, le retenant toujours.

A la rigueur, monsieur le comte, je pourrais vous donner du temps.

PAULINE.

Que dit-il?

LE COMTE.

Monsieur, pas plus dans un an qu'aujourd'hui... je ne pourrais...

GEORGES.

Permettez... On fait parfois de mauvais placemens... on est souvent heureux de retrouver la moitié de son argent... n'est-ce pas, monsieur Langlois?

LANGLOIS.

Jamais, monsieur... jamais, quand les actes ont été passés dans mon étude.

GEORGES.

Enfin... je pourrais ne pas prendre toute la somme...

LE COMTE.

Monsieur, je ne vous ai demandé ni délai, ni pitié... Finissons-en.

GEORGES.

Comme vous voudrez.

(Il remonte brusquement au fond et, après avoir fait quelques pas, s'arrête, toujours au fond, se croise les bras et regarde Hortense qui est restée sur la causeuse avec Pauline. Pendant ce temps, M. d'Auberive a signé l'acte.)

LANGLOIS, à part.

Il ne lui restera pas douze cents livres de rentes.

(Hortense s'est rapprochée de son père. — Le comte, après avoir signé, tend l'acte à Georges, qui se rapproche alors.)

GEORGES, après un moment de silence.

C'est mal ce que vous avez fait là, monsieur... L'orgueil vous a laissé oublier que vous aviez une fille... (Mouvement du comte.) Oui, l'orgueil ; oh ! je ne sais pas faire de phrases, moi .. et je dis tout nettement ma pensée. Il y a là-dessous toute la rudesse, mais toute la franchise d'un loyal marin... Vous ne voudriez rien devoir à un homme comme moi... Mais, pourtant, vous ne pouvez pas laisser mourir cette jeune fille... et pour elle, pour vous... la misère... c'est la mort! Croyez-vous qu'on passe impunément d'un pareil salon dans une mansarde?...

HORTENSE.

Monsieur, le travail...

GEORGES.

Eh ! mademoiselle... ma mère travaillait jour et nuit... elle est morte à la peine, et elle ne gagnait pas, la digne femme, ce que gagne ici le dernier de vos valets. Je vous le répète, monsieur, la misère vous tuerait votre enfant... Je ne veux pas être remboursé maintenant.

LE COMTE.

Que dites-vous ?

GEORGES.

Je dis , monsieur, que cet argent que vous me rendez , je le prête à Mlle d'Auberive.

HORTENSE.

Qu'entends-je ?

PAULINE, bas.

Il est beaucoup mieux que je ne croyais, ce monsieur...

LE COMTE.

Monsieur, votre offre me touche et nous honore... mais, pas plus que son père, Mlle d'Auberive ne peut accepter un semblable service.

GEORGES.

Il faudra donc, monsieur, que je vous oblige malgré vous. — Vous refusez d'accepter le temps que je vous donne pour vous acquitter... trouvez donc alors le moyen de me faire recevoir, à présent, l'argent que vous ne me devez plus.

(Mouvement général.)

LE COMTE.

Que dites-vous ?

GEORGES.

Vous n'avez pas voulu que je vous prête, je vous donne... (Il déchire l'acte dressé par Langlois.) Monsieur le comte, vous ne me devez plus rien.

(Il veut sortir.)

LE COMTE, allant à lui et le retenant.

Je m'acquitterai, monsieur, je m'acquitterai malgré vous... mais nous n'en conserverons pas moins le souvenir de ce que vous avez voulu faire.

LANGLOIS, à Georges.

Un instant... Tout cela est superbe, mais cela n'est pas régulier ; la générosité a aussi besoin d'être légale... Il faut qu'elle prenne la forme d'un acte notarié ; la loi est là : on donne par testament, par contrat de mariage, par dotation... (Georges, aux derniers mots de Langlois, s'est arrêté.

Il a encore une fois regardé Hortense , puis il prend la main de Langlois.)

GEORGES.

Vous avez raison, monsieur Langlois. (Il s'approche du comte.) Écoutez-moi, monsieur le comte... (Après un nouveau silence.) Enfant du peuple, j'ai eu, pour lutter contre le malheur, la force et l'énergie du peuple. Repoussé, par ma naissance, de toutes les routes qui mènent à la fortune, j'ai demandé à l'Océan ce que la terre me refusait. — Simple matelot sur un vaisseau de l'état, je compris que jamais peut-être les épaulettes d'officier ne viendraient couvrir mes épaules roturières. J'étais brave, jeune et fort ; nous étions en guerre avec les Anglais. A l'aide de quelques amis, j'équipai une barque, que j'échangeai bientôt contre un vaisseau pris à l'abordage. Je poursuivis jusque dans leurs possessions des Indes les éternels ennemis de la France... Je couvris mon bâtiment de leur sang et de leur or... Pendant dix ans je fis la course, portant haut et bien mon pavillon. Alors le ministre de la marine m'offrit un commandement ; je refusai, et je restai ce que j'étais, l'homme de mes œuvres. — Le ministre ne m'aurait fait que capitaine de vaisseau, je suis grand-amiral, roi même, à Saint-Tropez, mon pays, qui m'a vu pauvre et qui est devenu riche avec moi ; car cette fortune, acquise au prix de mon sang, a servi à répandre le travail et l'aisance dans toute une province. Grâce à moi, douze cents travailleurs ont leur pain de chaque jour. Voilà, monsieur le comte, mes titres de noblesse ! Si anciens que soient les vôtres, je ne les crois pas meilleurs que les miens. (Nouveau silence.) Monsieur le comte, je vous demande la main de Mlle d'Auberive.

HORTENSE.

Oh !

PAULINE, à Langlois.

Mais il est tout à fait bien, ce monsieur...

LE COMTE.

Monsieur Maurice... (Il lui tend la main.) heureuse et honorée sera la famille dans laquelle vous entrerez... mais cette famille ne peut être la mienne !...

PAULINE, bas, à Hortense.

Comment ! il refuse ?...

LE COMTE.

J'ai perdu la fortune de mon enfant... je n'ai pas le droit de disposer de son cœur... et de sa vie !...

HORTENSE.

Mon père !...

PAULINE, bas.

C'est la misère qu'il accepte !

HORTENSE, bas.

Et la misère le tuera !...

(Musique à l'orchestre jusqu'à la fin de l'acte.)

DOMINIQUE, entrant, bas à Hortense.

Mademoiselle, M. d'Arbel peut-il entrer ?

HORTENSE, vivement.

Non ! (A part.) Pauvre Charles... (Haut, avec effort.) Dites à mon cousin que nous recevons ses adieux. (Dominique sort tout surpris. — A Georges, qui va sortir.) Monsieur, mon père m'a toujours laissée maîtresse et libre de mon choix... (Avec dignité.) Monsieur Georges Maurice, la fille du comte d'Auberive accepte l'offre que vous lui faites de votre main !...

GEORGES.

Vous... mademoiselle... vous ma femme !...

LE COMTE, à Pauline.

Qu'elle soit heureuse !...

GEORGES, avec exaltation et à part.

Merci ! mon Dieu, merci !... car cette femme, c'est l'ange de pardon que vous m'envoyez...

(Il prend la main d'Hortense et la porte respectueusement à ses lèvres.)

ACTE DEUXIÈME.

Quinze jours après le premier acte.

Une chambre d'auberge. — Porte au fond. — Cheminée à droite, au premier plan, glace au dessus. — Chaises, table. — Fenêtre à droite, au troisième plan. — Porte à gauche, au premier plan. — Buffet au fond, près de la porte.

SCÈNE I.

L'AUBERGISTE, assis à droite, près de la table, occupé à écrire sur un livre.

Le 7, tisane et sirop... trois livres... Le 8, sirop et tisane... trois livres... Le 9, sirop, tisane et deux gardiens pour la nuit, dix livres... Le 10.. (Cessant d'écrire.) Voilà une singulière note d'aubergiste !... Depuis huit jours que ce jeune homme est venu habiter ici, je n'écris plus que des notes de drogues et de sangsues !... Je me fais l'effet d'un pharmacien... C'est un vrai compte d'apothicaire, et peu s'en est fallu que j'eusse à m'occuper de funérailles... Sans M. Gerfaut, et surtout sans une crise heureuse qui s'est déclarée il y a cinq jours, le pauvre jeune homme... (La porte à droite s'ouvre, Charles paraît, appuyé sur le bras de Toinette.) Le voilà... oh ! il est tout à fait en convalescence.

SCÈNE II.

CHARLES, TOINETTE, L'AUBERGISTE.

TOINETTE.

Appuyez-vous, n'ayez pas peur... appuyez-vous ferme !

L'AUBERGISTE.

Oui, oui, ma femme est solide... Allons, allons ! voilà les jambes qui commencent à reprendre leur service.

TOINETTE.

Une chaise, donne donc une chaise.

L'AUBERGISTE.

Un fauteuil, ça vaut mieux, et ça ne coûte pas plus cher.   (Il apporte un fauteuil.)

CHARLES, assis à gauche.

Je vous remercie des soins que vous m'avez prodigués... Comment pourrai-je m'acquitter...

TOINETTE, à droite.

Ne parlez donc pas de ça, monsieur.

L'AUBERGISTE.

Certainement, ce n'est pas le moment... (A part.) D'ailleurs, l'addition n'est pas encore faite. (Il reprend son livre qu'il va mettre dans l'armoire ainsi que l'encrier.

CHARLES.

J'espère pouvoir me remettre en route demain.

TOINETTE.

Déjà ?

CHARLES.

Il le faut... Le vaisseau qui attend à Marseille mes collègues et moi... doit mettre à la voile dans cinq jours... D'ailleurs, Gerfaut m'autorise à partir.

L'AUBERGISTE.

Comme c'est heureux que vous ayez retrouvé dans M. Gerfaut, le nouveau médecin du canton, un ancien ami à vous.

CHARLES.

Oui ! ses soins et plus encore son amitié m'ont sauvé.

TOINETTE.

C'est-y vrai ce que M. Gerfaut nous disait hier, que vous alliez chercher la peste ?... Dites donc, n'allez pas nous la rapporter en revenant.

CHARLES, avec un soupir.

Reviendrai-je ?

TOINETTE.

Certainement... et au retour, vous vous arrêterez chez M. Gerfaut qui vous l'a bien fait promettre... J'espère aussi que vous ne nous oublierez pas. (Charles lui tend la main.) Vous voilà encore avec la fièvre... Vous avez eu tort de vous fatiguer à écrire comme vous l'avez fait toute la journée.

CHARLES, tirant une lettre de sa poche.

Cette lettre est très importante... Vous m'avez dit qu'elle pourrait partir ce soir ?

L'AUBERGISTE.

Oui, oui... Le courrier passe ici à dix heures.

CHARLES..

Veuillez ne pas oublier de la lui remettre.

TOINETTE.

Soyez sans inquiétude, monsieur... (Elle prend la lettre et la met entre la glace et le cadre.) J'y penserai, moi.

L'AUBERGISTE.

Monsieur n'a pas d'autres ordres à donner ?

CHARLES.

Non , rien pour le moment.

TOINETTE.

D'ailleurs, si vous avez besoin de quelque chose, au premier coup de sonnette, je suis à vous.

CHARLES.

Merci , merci , mes amis.

(L'aubergiste et Toinette sortent.)

SCÈNE III.

CHARLES, seul , après un moment de silence.

Il faut partir, m'a-t-elle dit... et le jour même je me suis éloigné... Partir... c'était aller la mériter... me rendre digne d'elle... Oh! je puiserai dans mon amour la force et le courage !... et bientôt je reviendrai avec la considération, la fortune, qui seules peuvent me rapprocher d'elle... Alors, je la retrouverai toujours belle et pure! Oh! oui, elle m'attendra, car elle m'aime, elle me l'a dit. Oh! oui , elle m'aime !!

SCÈNE IV.

CHARLES, TOINETTE.

TOINETTE, rentrant vivement par le fond.

Mon Dieu ! monsieur, il nous arrive de nouveaux voyageurs, et je suis obligée de leur donner cette chambre, en attendant qu'on ait fini de leur préparer celle qui est à côté.

CHARLES.

Eh bien ! je vais rentrer dans la mienne.
(Il essaie de marcher seul, mais il chancelle. — Il regarde alors Toinette en souriant.)

CHARLES.

Votre bras... Je me sens bien fatigué , bien faible encore.

ANTOINETTE.

Voilà ce que c'est que d'avoir voulu écrire si long-temps... Marchez doucement et tâchez de vous calmer un peu... M. Gerfaut assure que c'est vous qui vous rendez malade... et que vous pourriez très bien vous guérir vous-même.

CHARLES, souriant.

Il voulait dire, sans doute, que je suis médecin aussi.   (Ils sortent par la porte à gauche.)

SCÈNE V.

GEORGES, HORTENSE, L'AUBERGISTE, VÉRONIQUE.

L'AUBERGISTE, par le fond.

Par ici, monsieur Maurice... vous serez mieux là que dans la grand'salle.
(Georges, en costume de voyage, entre, conduisant Hortense , aussi en costume de voyage. Derrière eux arrive Véronique, portant sur un plateau un thé complet, qu'elle dépose sur la table à droite , près de la cheminée; puis elle débarrasse Hortense de sa mante et de son chapeau. Georges donne son chapeau à Jérôme.)

GEORGES, gaîment.

En bien ! Jérôme, tu ne t'attendais pas à me voir aujourd'hui dans ton auberge, et en aussi gracieuse compagnie...
(Il fait asseoir Hortense près du feu, qu'il ranime. — Dans toute cette scène, Georges est aux petits soins pour sa femme.)

L'AUBERGISTE.

C'est vrai, monsieur, que nous avons l'habitude de vous voir seul, quand vous allez de Saint-Tropez à Paris et de Paris à Saint-Tropez... A moins pourtant que vous n'ayez avec vous M. Antoine Caussade, votre cousin. Ah! c'est un fier ami que vous avez là... Voulez-vous toujours la grande chambre verte ?

GEORGES, à la cheminée et ranimant le feu.

Je ne m'arrêterai ici qu'une heure... J'ai hâte d'arriver à Saint-Tropez.
(Ici Véronique , qui était sortie, rentre avec du bois qu'elle met dans le feu. Georges fait placer Hortense près de la cheminée.)

L'AUBERGISTE.

Ah! vous avez là de belles et bonnes fermes sur terre, et de fameux navires sur l'eau !... Le pays n'est pas bien gai... mais il y en a une partie à vous... et ce qu'on a à soi, on le trouve toujours beau... (Le tonnerre gronde. Hortense, effrayée, se lève et s'approche de la fenêtre.—Véronique, agenouillée devant la cheminée, souffle le feu.) Le temps n'est pas propice pour voyager de nuit... Madame, ou mademoiselle , est donc bien pressée de repartir?

GEORGES, allant à Jérôme.

Madame veut arriver bien vite chez elle, chez son mari !... Un mari bien heureux, n'est-ce pas ?
(Ici un éclair.)

HORTENSE , revenant à la table et s'asseyant.

Pardonnez-moi , monsieur; mais le temps est si mauvais, que si cela ne vous contrariait pas trop, je préférerais rester ici jusqu'au jour.

GEORGES, surpris et joyeux.

Ici !

HORTENSE.

Vous allez rire de ma faiblesse, mais j'ai peur de l'orage, le tonnerre m'épouvante.

VÉRONIQUE.

Et il a déjà tonné très fort... le ciel est tout noir...

GEORGES, lui servant du thé.

Soit... nous resterons ici... d'autant plus que vous devez avoir besoin de repos... Un si long voyage, entrepris brusquement, en sortant de l'église... A peine avez-vous eu le temps d'échanger votre gracieuse toilette de mariée contre cette robe de voyage...

L'AUBERGISTE, à demi-voix.

Véronique, M. Maurice reste... Allons vite ranger la chambre verte.

(L'aubergiste et Véronique sortent par le fond.)

HORTENSE.

Mon père n'a pas voulu nous retenir... Sa santé, d'ailleurs, paraissait remise, et de graves intérêts vous rappelaient chez vous.

GEORGES.

C'est vrai... et, je vous l'avouerai, j'avais hâte d'arriver là-bas, de vous montrer mes navires, mes chantiers, tout ce monde de travailleurs que j'ai créé, et dont vous serez la reine bien-aimée. En arrivant, je vous présenterai des parens, ou, mieux encore, des amis sincères et dévoués. Antoine Caussade et Charlotte, sa femme, leur enfant, dont je suis le parrain, dont vous serez la protectrice, n'est-ce pas ? Vous pardonnerez leurs formes rudes et grossières en faveur de leur bonne et franche amitié pour moi. Antoine Caussade est resté ce que nous étions autrefois, un bon paysan provençal... Il n'a pas, comme moi, couru les mers et bravé les tempêtes ; c'est un fermier tout franc et tout rond, mais dont l'intelligence a su faire valoir la fortune que me donnait ma vie de hasards et de périls... C'est presque un frère pour moi... et il me tarde de lui montrer mon bonheur et ma femme.

L'AUBERGISTE, qui est rentré pendant ces derniers mots, à part.

Sa femme !... (Haut.) Comment, madame serait...

GEORGES, se levant.

Ah ! tu ne l'aurais pas deviné, en la voyant si belle et si jeune !... Moi-même je crois encore faire un rêve... (Revenant à Hortense.) Oui, Hortense, oui, quand je vous ai vue pour la première fois, brillante de jeunesse... entourée du prestige d'un grand nom... je me suis dit : Heureux celui qu'elle choisira pour époux ! ..Mais j'aurais traité d'insensé celui m'aurait prédit alors que ce fortuné mari ce serait moi... moi que vous avez accepté .. Oh ! tenez , il faut me pardonner, Hor-

tense, mais je me sens, en vous regardant, des mouvemens d'orgueil et de joie !... Il y a des instans où mon bonheur me rend fou !...

(Toinette sort de la chambre de Charles.)

L'AUBERGISTE, allant à elle.

Eh bien ! comment va notre malade ?

HORTENSE, cherchant à cacher son embarras.

Un malade ?

TOINETTE, répondant à Jérôme.

Moins bien que tantôt.

L'AUBERGISTE, à Hortense.

Oui... un pauvre jeune homme qui a failli mourir ici...

TOINETTE.

Et qui a grand besoin de calme et de repos, surtout dans ce moment.

GEORGES, quittant la table.

N'avez-vous pas un médecin ?

TOINETTE.

Si, monsieur, et nous l'attendons.

GEORGES, installant Hortense près du feu.

Dépêchez-vous de faire préparer la chambre que vous nous destinez, nous pourrons nous y retirer, et votre malade aura près de lui moins de bruit et d'agitation.

L'AUBERGISTE.

Monsieur a raison.

(Georges s'assure qu'Hortense est bien auprès du feu. Pendant ce temps :)

TOINETTE, bas à Jérôme.

Quelle est donc cette dame ?

L'AUBERGISTE.

C'est la femme de M. Maurice... il s'est marié à Paris.

GEORGES.

Viens, Jérôme... J'ai à faire monter chez nous les malles et les cartons de ma femme... de ma femme... Oh ! que je suis heureux !

(Il baise la main d'Hortense et sort avec Jérôme et Toinette.)

ooooooooooooooooooooooooooooooooooooooooooooooooooo

SCÈNE VI.

HORTENSE, seule, assise près de la cheminée.

Seule !... C'est la première fois depuis l'accomplissement de mon mariage !... Je puis enfin interroger mon cœur !... Il me dit que j'ai dû faire ce que j'ai fait... que mon premier devoir était de sauver mon père !... Hélas ! c'est le bonheur de toute ma vie que je lui ai sacrifié... (Elle se lève.) M. Maurice est généreux et bon ; mais ce n'est pas lui que j'aurais librement choisi pour époux !.... Pauvre Charles ! comme il m'aimait, lui !.. Où est-il, maintenant ?... que va-t-il devenir en apprenant ce mariage, qu'à tout prix j'ai voulu lui laisser ignorer à son départ... Quand Il reviendra, il apprendra tout... et il me maudira peut-être... il m'accusera d'avoir préféré la richesse à son amour... Il ne saura (Allant à la cheminée.) ni mes regrets ni mes souffrances... il se croira oublié... oublié !... lui !... (Hortense retombe en pleurant sur son fauteuil ; puis, croyant entendre du bruit, elle se lève vivement, et, pour réparer son désordre, se regarde dans la glace. Apercevant la lettre.) Que vois-je ! mon nom sur cette lettre... son écriture... Oui, c'est son écriture... Mais il est donc ici, lui, Charles !

ooooooooooooooooooooooooooooooooooooooooooooooooo

SCÈNE VII.

HORTENSE, CHARLES.

CHARLES, paraissant sur le seuil de la porte à gauche.

Cette voix ! je ne me suis pas trompé...

HORTENSE, se retournant.

Lui !

CHARLES, allant à elle.

Hortense ! Vous !... vous ici !... Ah! c'est un miracle de Dieu, de Dieu qui ne veut pas que je meure sans vous avoir revue !

HORTENSE.

Charles... si pâle... si faible... Ce jeune homme dont on nous parlait tout à l'heure... ce pauvre malade qui souffre et qui languit seul dans cette misérable auberge... c'était vous !...

CHARLES.

Ne me plaignez pas, Hortense... je suis heureux, puisque je vous revois !... Ne tremblez plus pour moi... je ne souffre plus, puisque je vous retrouve !... Le supplice le plus affreux, c'est le doute.. l'épreuve la plus cruelle, c'est l'absence... Je serais mort bien malheureux, s'il m'avait fallu mourir loin de toi... sans un mot de ta bouche qui me rassure, sans un regard de tes yeux qui me console !... Mais te voilà, ma main touche encore la tienne... Que la vie m'abandonne maintenant, je ne me plaindrai plus... Tu es là pour recevoir ma dernière pensée et mon dernier soupir.

HORTENSE.

Mourir ! vous, Charles !... Oh! Dieu ne le voudra pas !

CHARLES.

Non, Dieu est bon... Il me laissera la vie, puisqu'il m'a donné ton amour !

HORTENSE.

Oh ! vous vivrez... Charles, vous vivrez!

CHARLES.

Pour toi, mon Hortense, pour toi !

HORTENSE, dans les bras de Charles.

Charles !... (Se dégageant tout à coup.) Oh ! mon Dieu, j'étais folle... j'oubliais !...

CHARLES.

Hortense !

HORTENSE.

Oh ! taisez-vous, taisez-vous !... Charles !... mon ami, il faut me quitter...

CHARLES.

Te quitter !...

HORTENSE.

Il faut me fuir, ne plus me revoir...

CHARLES.

Que dites-vous ?

HORTENSE.

Nous ne devons plus nous aimer !... Notre amour serait un crime !...

CHARLES.

Un crime !... J'ai mal entendu... c'est la fièvre qui brûle de nouveau tout mon sang... c'est le délire qui bouleverse encore ma raison !... n'est-ce pas Hortense, n'est-ce pas que je puis t'aimer, que je puis être aimé de toi ?...

HORTENSE, courant à la porte du fond.

Ciel! on vient... S'il vous trouvait ici !...

CHARLES, allant à Hortense.

Qui donc ?

HORTENSE, cherchant à l'éloigner.

Partez, partez vite !

CHARLES.

Qui donc vous fait trembler ainsi ?

HORTENSE, avec terreur.

C'est lui !

CHARLES, avec colère.

Mais qui donc ?

HORTENSE, d'une voix étouffée.

Mon mari !

CHARLES, reculant.

Mariée !... Parjure !... (Hortense, presqu'à genoux et les mains jointes, supplie Charles de ne pas la perdre. —Charles s'éloigne d'elle et, sur le seuil de la porte de sa chambre, lui jette un dernier regard. — Avec désespoir.) Malheureux ! malheureux !

(Il rentre, Hortense ferme vivement la porte. Puis s'éloigne de cette porte au moment où Georges entre par le fond.)

ooooooooooooooooooooooooooooooooooooooooooooooooo

SCÈNE VIII.

HORTENSE, GEORGES.

GEORGES, entrant.

Tout est prêt.

HORTENSE, avec un peu d'égarement.

Et nous pouvons partir, n'est-ce pas ?

GEORGES.

Partir... Mais vous n'y pensez pas, Hortense...

oubliez-vous que tout à l'heure vous avez demandé à passer la nuit dans cette auberge ?

HORTENSE, avec effroi.

Ici ! passer la nuit ici !... Oh ! non, non, je ne le veux pas !

GEORGES.

Mais songez à votre fatigue... à l'orage dont vous avez peur...

HORTENSE.

L'orage a dû se calmer.

(Le tonnerre gronde.)

GEORGES.

Au contraire, il redouble... la foudre épouvanterait les chevaux...

HORTENSE.

Oh ! je vous en prie, monsieur...

GEORGES.

Mais d'où vient ce changement... Tout à l'heure je cédais à un désir... maintenant je refuse de vous exposer à un danger réel... Nous resterons, Hortense... au moins jusqu'à ce que cet orage se dissipe... (Après un silence et en lui prenant la main.) Songez encore que c'est la première fois depuis notre mariage que je vous parle sans témoin. Même dans notre voiture, une femme de chambre était là, dont la présence glaçait notre entretien... Ici, je suis seul avec vous, libre enfin de vous parler de mon bonheur, de mon amour ! (Il s'approche d'elle.)

HORTENSE.

Monsieur... (Regardant la porte de Charles.) Au nom du ciel, monsieur, ne me parlez ni d'amour, ni de bonheur, au nom du ciel, partons !...

GEORGES.

Partir... oh ! ce n'est là, n'est-ce pas, qu'un caprice de jeune femme ?... Hortense... dites-moi que vous n'avez ni regret du passé... ni crainte de l'avenir... oh ! dites-moi cela, Hortense... ou je serais trop malheureux... Dans ce cœur rempli par un sombre souvenir, l'amour, n'avait jamais trouvé place... Je vous ai vue, et tout a changé en moi... Du jour où vous avez daigné m'élever jusqu'à vous, vous êtes devenue toute ma pensée... toute ma vie... A vingt ans, mon amour pour vous eût été violent, emporté peut-être... à quarante ans cet amour est un culte, une idolâtrie... Ce feu des passions qui semblait éteint dans mon âme, s'est éveillé tout à coup... et je vous aime, Hortense... je vous aime de toute la force de mes jeunes années perdues !

HORTENSE, à part.

Oh ! s'il nous entendait ! (Haut et avec délire.) Encore une fois, monsieur, je vous en supplie, je vous en conjure, emmenez-moi, partons d'ici !

(L'orage augmente.)

GEORGES.

Mais voyez, Hortense... voyez, l'orage éclate...

HORTENSE.

Eh ! ce n'est plus l'orage que je redoute, à présent !

(Dans ce moment le vent ouvre violemment la fenêtre, dont quelques vitres se brisent. La foudre éclate. —Georges s'est précipité vers la fenêtre qu'il cherche à fermer. — Au cri d'effroi qu'a jeté Hortense, la porte de Charles s'entr'ouvre.—Hortense, épouvantée, s'élance sur la porte de communication, qu'elle referme au verrou et qu'elle semble vouloir couvrir de son corps.—Georges se retourne alors et revient à elle.)

GEORGES, avec tendresse.

Hortense, chère Hortense !

HORTENSE, s'éloigne vivement de la porte, puis

tombe à genoux en criant :

Grâce ! grâce !

GEORGES.

Évanouie !... (Il la relève et la met dans un fauteuil.) Froide de terreur !... (Avec explosion.) Oh ! malheureux, malheureux !... cette femme ne s'est pas donnée à toi... elle s'est vendue !... Oh ! qu'avons-nous fait tous deux !...

(Après un silence, après avoir regardé Hortense, s'en être approché, puis éloigné vivement, Georges sonne violemment. Le bruit a fait tressaillir Hortense qui rouvre les yeux.—Elle se lève effrayée et court instinctivement devant la porte, puis, voyant Georges calme et impassible, elle se rassure pour Charles, et, se souvenant, elle baisse les yeux devant Georges.)

HORTENSE, avec douceur.

Monsieur, je vous ai irrité ?

GEORGES, avec douleur.

Irrité !... non !...

HORTENSE.

Je vous ai affligé alors... oh ! pardonnez-moi... (Regardant la porte de Charles.) J'étais folle... (Baissant la voix.) Mais croyez que je n'ai jamais oublié, que je n'oublierai jamais ni vos bienfaits, ni mes devoirs.

GEORGES, à part.

Ses devoirs !... mes bienfaits !... oh ! mon Dieu !

(Il va sonner de nouveau.)

L'AUBERGISTE, au fond.

Monsieur a sonné ?

GEORGES.

Des chevaux à ma voiture.

HORTENSE.

Comment !...

GEORGES.

Nous partons à l'instant... à l'instant même.

(Georges est remonté au fond. — Hortense jette un dernier regard sur la porte de Charles et s'apprête à suivre son mari.)

ACTE TROISIÈME.

Cinq mois après le deuxième acte.

A gauche, au deuxième plan, la maison d'habitation, à laquelle on arrive par un perron. — Au quatrième plan, au fond, une grille; au delà un chantier avec un navire en construction. — A droite, au deuxième plan, un pavillon avec fenêtre ouvrant devant le public. — Au troisième plan, aussi à droite, sous un hangar, une forge, une enclume. — Banc de pierre, à droite, sous la fenêtre du pavillon. — Au lever du rideau, tout est en mouvement dans le chantier de construction et à la forge.

SCÈNE I.

OUVRIERS, travaillant.

PREMIER OUVRIER, à l'enclume.

Ouf! la soif et la chaleur m'étranglent. Tant pis, je m'arrête!   (Il jette son marteau.)

DEUXIÈME OUVRIER, au fond.

Ma foi, moi aussi, le métier est trop dur, au mois d'août.

TOUS LES OUVRIERS.

Eh! oui, oui!

(Ils quittent le chantier et descendent en scène. — A ce moment, Georges paraît au fond. — Il est tête nue et a un caban de marin jeté sur les épaules.)

SCÈNE II.

LES MÊMES, GEORGES.

GEORGES, au fond.

Comment! on ne travaille plus, ici!

TOUS LES OUVRIERS, se levant et se découvrant.

Monsieur Maurice!

PREMIER OUVRIER, avec hésitation.

Dame!... monsieur Maurice, c'est que...

GEORGES.

Silence!... Oubliez-vous donc que si vous faites chaque jour un travail de douze heures, je vous en paie quinze? J'emploie plus de mille ouvriers, ici, à la ferme, au port, et dans les chantiers de Grandchamp, si tous cessent de travailler, comme vous venez de le faire, pendant une heure seulement, c'est près d'une année de travail qu'on me vole... (Mouvement des ouvriers.) oui, qu'on me vole!... et maintenant, si quelqu'un croit avoir à se plaindre de moi, qu'il approche et qu'il parle... (Les ouvriers, sans rien dire, retournent au travail.) Eh! bien?... personne?... (Au premier ouvrier, qui est à l'enclume.) Pas même toi... garnement?(L'ouvrier frappe le fer à tour de bras.) Est-ce en me perdant cette aiguille que tu répareras ta faute?... un coup de plus et elle était brisée...

Allons, maladroit, donne... (Il lui prend son marteau et jette bas son caban.) Il faut à présent une main plus habile et plus ferme que la tienne... Mauvais forgeron!... c'est un marin qui t'apprend ton métier.   (Il frappe sur l'enclume.)

SCÈNE III.

LES MÊMES, ANTOINE, accourant du dehors, puis CHARLOTTE, sortant de la maison.

ANTOINE, avec l'accent provençal très prononcé.

Georges! Georges!...

GEORGES, allant à lui.

Qu'y a-t-il?

ANTOINE.

On vient de me prévenir que le bâtiment l'*Alerte*, qui ne devait rentrer dans le port que demain, est maintenant en vue, tout désemparé.

GEORGES.

Il est impossible de pénétrer dans le goulet... la mer est trop houleuse...

ANTOINE.

Par malheur, la mâture de l'*Alerte* est brisée, il fait des signaux de détresse.

GEORGES.

Et il y a douze braves matelots à bord!... Il faut prendre une barque, aller à leur secours, sauver les hommes, si l'on ne peut sauver le reste...

ANTOINE.

C'est ce que j'ai dit... mais ils m'ont tous répondu, là-bas, que le grain est trop fort... Il n'y avait là que des pères de famille...

GEORGES.

Ils ont eu peur? eh bien! j'irai moi!

CHARLOTTE, sur le perron.

Vous! Georges!

ANTOINE.

Non! moi plutôt!

GEORGES.

Tu n'es pas marin toi; et puis ton enfant... ta femme?...

ANTOINE.

Et la tienne ?

GEORGES, avec amertume.

La mienne !... Elle aura ma fortune pour se consoler...

PREMIER OUVRIER.

Nous irons avec vous, monsieur Maurice... nous irons !

TOUS.

Oui, oui ! tous !

GEORGES, bas, à Charlotte.

- Pas un mot ici de ce qui se passe là-bas... Allons, en barque !   (Ils sortent en courant.)

SCÈNE IV.

CHARLOTTE, puis L'AUBERGISTE.

CHARLOTTE, les suivant des yeux, à gauche.

Pourvu que mon mari n'aille pas s'exposer... Oh ! Georges ne le souffrira pas.

(L'aubergiste du deuxième acte, entrant à droite.)

L'AUBERGISTE, à la grille.

Mme Georges Maurice, s'il vous plaît ?

CHARLOTTE, se retournant vivement.

Vous demandez madame Maurice ?

L'AUBERGISTE.

Oui, madame, je voudrais lui parler, à elle-même.

CHARLOTTE.

Impossible, elle n'est pas ici.

L'AUBERGISTE, regardant une lettre qu'il tient à la main.

Diable !

CHARLOTTE, apercevant la lettre.

Cette lettre est donc bien pressée ?... d'où vient-elle ? (Regardant de plus près.) Tiens ! il n'y a pas d'adresse.

L'AUBERGISTE.

Non... c'est tout bonnement une restitution que je viens faire. Madame m'avait adressé il y a long-temps cette lettre à mon auberge ; je devais la remettre de sa part... à quelqu'un qui demeurait chez moi... mais le jeune ho... (Se reprenant.) cette personne...

CHARLOTTE, à part.

Un jeune homme !

L'AUBERGISTE.

Cette personne est partie pour je ne sais où. J'espérais qu'en revenant en France elle passerait chez moi, mais il y a plus de cinq mois que je l'attends... et ma foi, j'ai profité d'un petit voyage à Saint-Tropez pour rapporter cette lettre, que je ne pouvais pas garder éternellement... Puis, vous comprenez... il y aura un port d'autant meilleur, qu'ainsi que cette dame me l'avait recommandé

LA DAME DE SAINT-TROPEZ.

en quittant mon auberge, je n'ai pas dit au jeune ho... à la personne, le nom de M. Maurice... Il est parti fort triste, mais ne sachant absolument rien.

CHARLOTTE, à part.

Que de mystère ! (Haut.) Donnez-moi la lettre... je la remettrai !...

L'AUBERGISTE, la remettant dans sa poche.

Excusez, je dois la remettre moi-même... Je suis venu tout exprès de Cerny, pour ne la confier à personne.

CHARLOTTE.

A personne... En ce cas, attendez... (A part.) Il y a quelque chose là-dessous, c'est sûr. (Haut.) Attendez.

L'AUBERGISTE.

Je vas déposer mon cheval et ma carriole chez mon confrère de l'*Ecu d'Or*, et je reviendrai dans une heure...

CHARLOTTE.

Comme vous voudrez.

(L'aubergiste sort par la droite. Antoine entre par la gauche.)

SCENE V.

CHARLOTTE, ANTOINE.

CHARLOTTE.

Si j'avais tenu cette lettre... j'aurais su... (A Antoine qui entre.) Ah ! te voilà ?... eh bien ?

ANTOINE.

Eh bien ! c'est fini ou à peu près... Georges s'est jeté dans une chaloupe, comme s'il n'était encore que le pauvre matelot d'autrefois... Ça a donné du cœur aux autres, qui l'ont suivi, et maintenant tous les hommes doivent être rentrés au port !

CHARLOTTE.

Ah ! tant mieux ! j'avais peur pour eux et pour lui.

ANTOINE.

Peur pour lui ? (Changeant de ton.) Moi aussi... quoique mon affection soit diablement diminuée depuis...

CHARLOTTE.

Depuis son mariage, n'est-ce pas ?

ANTOINE.

Oh ! ce n'est pas que je tienne à l'argent... mais je suis son unique cousin ; de plus, notre petit Georges était son filleul, il voulait lui laisser sa fortune dont il ne savait que faire... puisqu'il n'a pas d'autres parens, et que nous étions ses seuls amis... Qui est-ce qui aurait jamais cru qu'après avoir vécu jusqu'à quarante-trois ans comme un sauvage, ce Georges irait chercher à Paris une femme pour lui donner son bien!

(Il va s'asseoir sur le banc à droite, jette avec colère son chapeau près de lui, et tient sa tête dans ses mains.)

CHARLOTTE.

Et qu'il irait choisir une demoiselle du grand monde, la fille d'un comte! Comme si une mijaurée de ce genre-là avait pu lui convenir!... Te souviens-tu de la mine qu'elle a faite en arrivant ici?... Il semblait qu'elle entrait dans une étable... Et quand elle parle, on dirait d'une princesse détrônée. Aussi, dans le pays, au lieu de l'appeler tout bonnement Mᵐᵉ Maurice, comme on m'appelle, moi, Mᵐᵉ Antoine, quand on parle d'elle, on dit : la dame de Saint-Tropez. Je vous demande un peu... une fille qui n'avait pas le sou... ça fait pitié. A quoi donc que tu penses?

ANTOINE, levant la tête et regardant Charlotte avec une sombre expression.

Je pense que le jour où cette mariée de malheur prit par mégarde, dans un tiroir, le paquet renfermant cette poudre mortelle qui nous sert dans nos fonderies... Oh! pourquoi l'as-tu prévenue?... Pourquoi lui as-tu retiré ce paquet des mains?

CHARLOTTE, avec effroi.

Ah! Antoine, tu ne songes pas à ce que tu dis!

ANTOINE, se levant, avec colère.

Eh! Picarde, tu n'as pas de sang dans les veines; non, c'est de la neige! Je suis franc dans ma haine, moi!... Vois-tu, il faudrait faire un pas pour sauver cette femme ou Georges, que je ne le ferais pas.

CHARLOTTE.

Comment! Georges... ton ami... ton cousin...

ANTOINE.

Il ne m'est plus de rien... Nous a-t-il compté pour quelque chose quand il s'est marié? non!... A-t-il au moins assuré le sort du petit, de son filleul? non! Et pourtant j'ai aidé à sa fortune par le travail de vingt ans de ma vie, un travail constant, soutenu... Quand il revenait de ses courses en mer, avec son butin, ses parts de prises, qui est-ce qui faisait valoir tout cela? c'était moi; je transformais tout cela en bonnes terres, en belles fermes, en superbes prairies... J'en achetais beaucoup pour lui, un peu pour moi... et quand il se promenait avec moi dans le pays, je lui disais : Voilà ton bien de ce côté et voici le mien par ici... ça lui suffisait, et à moi aussi. Aujourd'hui, il me demande des comptes... Il veut savoir l'état de sa fortune... l'emploi des sommes qu'il a versées dans mes mains... il veut tout reprendre, tout... Oh! c'est infâme!... Je m'étais si bien habitué à regarder tout cela comme à nous... (Se reprenant.) comme au petit que je veux dire... Oh! oui, que c'est infâme!

CHARLOTTE.

Maurice n'a pas toujours été pour nous ce qu'il est aujourd'hui; il y a deux ans, lors de sa dernière course, il avait parlé de faire un testament en faveur de notre petit Georges.

ANTOINE.

Sans doute!... à ce moment-là, il lui aurait laissé tout... J'y comptais, vois-tu!... Aussi ce mariage m'a donné un coup! Ce Georges, rester garçon jusqu'à quarante-trois ans, et devenir amoureux d'une...

CHARLOTTE.

D'une femme qui ne l'aime pas!

ANTOINE.

Je l'ai toujours pensé.

CHARLOTTE.

Et qui en aime un autre.

ANTOINE, vivement.

Un autre?

CHARLOTTE.

J'en suis sûre.

ANTOINE, avec joie.

La preuve, madame Caussade, la preuve?

CHARLOTTE.

Elle est entre les mains d'un homme qui attend son retour à l'*Écu d'Or*... C'est une lettre, une lettre d'amour, je le parierais, qu'elle adressait à un jeune homme.

ANTOINE.

Une lettre d'amour! si c'était vrai! oh! le petit ne serait peut-être pas tout à fait ruiné... et on pourrait rendre à cette pimbêche un peu du mal qu'elle nous a fait!

<hr>

SCÈNE VI.

LES MÊMES, HORTENSE, UN DOMESTIQUE.

CHARLOTTE.

Tais-toi! la voilà... Quelle toilette! c'est pour nous mépriser qu'elle se fait si pimpante.

ANTOINE.

Attends! je vais défriser toutes ses plumes, moi. (Haut.) Comme vous passez fière, madame Maurice, soit dit sans vous fâcher (Avec intention.), *cousine*; car nous sommes cousins, sans qu'il y paraisse.

HORTENSE, froidement.

Je le sais, monsieur.

CHARLOTTE, bas à Antoine.

La voilà qui prend ses grands airs.

HORTENSE, au domestique.

Je vous avais dit, Joseph, de seller mon cheval.

LE DOMESTIQUE.

Oui, madame, mais on m'a ordonné de le déseller.

HORTENSE.

Et qui vous a donné cet ordre ?

CHARLOTTE.

C'est moi.

HORTENSE.

Vous ?... et pourquoi ?

CHARLOTTE.

M. Maurice attend aujourd'hui du monde de
Paris, et comme il est naturel que ce soit madame
qui fasse... maintenant, les honneurs de la maison, j'ai dit qu'il était inutile d'harnacher votre
beau cheval, puisque vous ne deviez pas sortir...
Pendant que le mari travaille... c'est bien le
moins que la femme reste à la maison pour recevoir ses amis.

HORTENSE.

Oh ! madame, vous abusez étrangement de l'a-
mitié de M. Maurice. (Au domestique.) Dites à
ma femme de chambre de préparer ma toilette.

CHARLOTTE.

C'est inutile ! j'ai eu besoin de Justine, elle
n'est pas ici...

HORTENSE.

Comment ! vous vous êtes permis, chez moi...

ANTOINE, à part.

Chez elle !...

CHARLOTTE.

Oui... je me suis permis de disposer de la femme
de chambre de *madame ;* mais c'est pour le service
de monsieur... Ah ! dame ! ça n'est pas en bar-
bouillant des fleurs et en embrochant des papil-
lons que l'on avance le ménage... et je ne peux
pas tout faire, car enfin je suis la parente et non
la servante de Georges.

HORTENSE.

Eh ! madame... soyez maîtresse chez vous... là
vous êtes à votre place... mais ici...

ANTOINE, à part.

Si elle osait, elle nous chasserait.

CHARLOTTE.

Voilà bien du bruit pour une femme de chambre... Eh ! mon Dieu ! pour une heure, madame
fera ce qu'elle aurait fait si elle était restée demoiselle... elle s'en passera.

HORTENSE, avec colère, au domestique.

Dites à M. Maurice que je désire lui parler.

(Le domestique sort par la gauche.)

ANTOINE, bas à sa femme.

Où est l'homme à la lettre ?

CHARLOTTE, bas.

A l'*Écu d'Or.*

ANTOINE, bas.

C'est bon ! tu as commencé, toi... je vais finir...
(Il sort par la droite, Charlotte rentre dans la maison.)

SCÈNE VII.

HORTENSE, un Domestique, puis LAN-
GLOIS, PAULINE.

HORTENSE, seule.

Tant d'insolence me révolte, à la fin, et il faudra bien que mon mari !... Mon mari !... ai-je le
droit de rien exiger de lui ?... Et ne va-t-il pas me
répondre ce qu'il a tant de fois déjà répondu à
mes plaintes : Ne me demandez pas de les éloigner, madame, ce sont les seuls êtres qui me com-
prennent, les seuls qui m'aiment dans ce monde !...
Et je ne peux pas lui dire : Celle qui doit le mieux
vous comprendre, celle qui sait le mieux vous aimer, c'est votre femme ! Oh ! non, je ne peux pas
lui dire cela, car la rougeur de mon front trahi-
rait mon mensonge ! S'il m'interrogeait du regard, je me troublerais comme une coupable !...
Coupable... ne le suis-je pas en gardant dans mon
cœur une image que j'en aurais dû chasser ?...
Charles sait tout à présent... Ma lettre lui aura
tout appris... tout, excepté le nom de mon mari...
Puisse-t-il m'avoir oubliée !... qu'il soit heureux
du moins.

UN DOMESTIQUE, entrant vivement.

Madame, je n'ai pas trouvé M. Maurice, il est
maintenant en mer... Mais voici M. et Mme Langlois qui viennent d'arriver.   (Ils entrent.)

HORTENSE, courant au devant d'eux et les embrassant.

Pauline !... monsieur Langlois..... vous... vous
ici !

PAULINE.

Chère Hortense !..... Mais tu nous attendais ?

LANGLOIS.

J'avais écrit à M. Maurice pour le prévenir.

HORTENSE.

M. Maurice ne m'en a rien dit.

(Langlois remet au domestique la mante de sa femme
qu'il avait sur le bras. Le domestique rentre dans
la maison. Langlois, qui était d'abord à la gauche
d'Hortense, vient se placer à la droite de Pauline.)

PAULINE.

C'est une surprise qu'il te ménageait... Je lui
avais annoncé qu'en allant prendre les eaux, je
comptais m'arrêter quelques jours ici... Mais
qu'as-tu donc ?... je te trouve l'air triste, abattu !...
N'est-ce pas, monsieur Langlois ?

LANGLOIS.

Mais non, je trouve madame très bien.

PAULINE.

Hortense, es-tu heureuse ?

HORTENSE.

Chère Pauline, si tu me trouves un peu agitée
en ce moment, cela vient de l'impertinence de la
femme d'un ami, d'un cousin de mon mari...

Cette femme tenait autrefois la maison de son parent... Elle avait pris sur tout le monde ici un empire qu'elle ne peut se résoudre à abdiquer... Depuis mon arrivée, c'est une résistance perpétuelle à chacun de mes ordres... une opposition de tous les jours à chacun de mes désirs!

PAULINE, vivement.

Il faut renvoyer cette femme chez elle, et son mari avec.

HORTENSE, timidement.

M. Maurice ne le permettrait pas.

PAULINE, surprise.

Ne... le... permettrait pas?

LANGLOIS, étonné.

Ah! bah!

PAULINE, vivement.

M. Langlois, est-ce qu'il y a des maris qui ne permettent pas?

LANGLOIS, avec bonhomie.

Je... ne crois pas.

PAULINE.

Comment! ma chère, tu n'es pas la maîtresse?... tu ne fais pas ce que tu veux de ton mari?

HORTENSE.

Moi!... je ne sais que trembler devant lui.

PAULINE.

Ah! ça... il est donc bien terrible?

HORTENSE.

J'ai tort, sans doute, car, malgré la violence de son caractère, M. Maurice est très aimé dans ce pays.

PAULINE.

Dans le pays, ça ne suffit pas... il faut qu'il se fasse aimer chez lui, et pour cela il faut qu'il soit soumis, obéissant... (Elle regarde son mari.) Mais d'abord, comment vivez-vous ici? Ça n'est pas beau! Où habitez-vous?

(Elle regarde à droite et à gauche.)

HORTENSE, montrant la maison à gauche.

J'habite là, avec ma femme de chambre.

PAULINE.

Eh bien!... et ton mari?

HORTENSE, montrant le pavillon à droite.

Il loge là, dans ce pavillon.

LANGLOIS, étonné.

Ah! bah!

PAULINE.

Comment!... l'un par là... l'autre par ici?...

LANGLOIS, plus étonné.

Déjà?... C'est bien tôt!

PAULINE.

Et depuis quand cela dure-t-il ainsi?

HORTENSE.

Mais depuis notre mariage... depuis notre arrivée.

LANGLOIS, toujours plus étonné.

Depuis... toujours!... C'est particulier!

PAULINE.

Voilà qui est bien étrange!... Mais cela ne peut pas durer ainsi.

HORTENSE.

Que veux-tu faire?

PAULINE.

Je veux voir M. Maurice; je veux lui parler à l'instant même.

HORTENSE.

Y songes-tu, Pauline?

PAULINE.

Certainement que j'y songe! (A part.) C'est qu'on n'a jamais vu chose pareille... (A son mari.) Et elle s'étonne de ne pas être la maîtresse!...

HORTENSE.

Prends garde, Pauline, M. Maurice est emporté, violent!

LANGLOIS, vivement.

N'allez pas me brouiller avec lui... Songez que c'est mon meilleur client!

HORTENSE, qui a été au fond.

Le voilà! (Revenant.) Crois-moi, Pauline, dans l'intérêt de mon repos...

PAULINE.

Ma chère amie, rien n'est à sa place ici... et je veux tout remettre sur un autre pied... Rentre chez toi avec mon mari.

LANGLOIS.

C'est ça... nous formerons la réserve... Voic l'ennemi, sauvons-nous!

(Il offre la main à Hortense pour monter le perron.)

HORTENSE, avec crainte.

Pauline, je t'en supplie.

PAULINE.

Laissez-moi... je le veux. (Elle les presse de sortir, puis redescend en scène.) Et maintenant, M. Maurice, à nous deux.

ooooooooooooooooooooooooooooooooooooooooooooooooooooooooooo .

SCÈNE VIII.

PAULINE, GEORGES.

(Georges entre vivement. Ses vêtemens sont en désordre, et il tient à la main un long grappin de fer. Autour de lui, dans le chantier de construction, on voit les ouvriers qui l'ont suivi, les matelots qu'il a sauvés. Ceux-ci embrassent leurs femmes, leurs enfans.)

LES MATELOTS.

Vive monsieur Maurice!

GEORGES, au fond.

Eh! mes amis, je n'ai rien fait de plus que vos camarades. (Aux ouvriers.) Emmenez ces braves gens; ils ont grand besoin de soins et de repos. (Les ouvriers sortent avec les matelots. — Georges, sans voir Pauline.) Dix minutes encore... (Entrant sous le hangar et déposant son grappin.) et il n'était plus temps...

PAULINE, le regardant.

Comme il est fait!... On a donné là à Hortense un joli petit mari. (S'approchant.) Monsieur Maurice !   (Elle le salue.)

GEORGES, vivement.

Madame Langlois!!... avec quelle impatience je vous attendais... Ah! pardonnez-moi de vous recevoir ainsi... Mais de pauvres matelots étaient en mer, par un temps affreux, sur un bâtiment tout désemparé ; il fallait leur porter secours, et vous voyez en quel état je me suis mis pour les sauver... Où donc est votre mari ?...

PAULINE.

Avec Hortense.

GEORGES.

Qui a dû être bien surprise, bien heureuse de vous revoir, n'est-ce pas ?... Pourquoi l'avez-vous quittée ?... Permettez-moi de vous ramener près d'elle.

PAULINE, gravement.

Pas encore, monsieur Maurice, j'ai à vous parler.

GEORGES.

A moi ?

PAULINE.

Oui... et nous sommes à merveille ici... puisque nous y sommes seuls.

GEORGES, souriant.

Eh! mon Dieu!... qu'avez-vous à me dire?... et d'où vient que votre visage, toujours si riant, est presque sérieux... sévère, même ?

PAULINE.

Monsieur Maurice, j'ai à vous demander l'explication de votre manière de vivre avec votre femme.

GEORGES, surpris.

Comment ?

PAULINE.

Trouvez-vous cette manière d'être naturelle ? Croyez-vous qu'une femme se marie pour mener une existence semblable à celle que vous avez faite à ma pauvre amie ?

GEORGES, avec amertume.

Est-ce Mlle d'Auberive qui vous a chargée de me porter ses plaintes?

PAULINE.

Non, monsieur, elle ne m'a rien dit... mais j'ai vu... et moi, son amie... presque sa sœur... j'ai compris, j'ai deviné tout ce qu'elle souffrait...

GEORGES, avec force.

Eh! madame!...

PAULINE, avec une fermeté comique.

Oh! criez, emportez-vous... je ne reculerai pas pour cela d'une syllabe... Je vous préviens que je ne suis pas facile à épouvanter... j'ai trois ans de ménage... et puis... (Plus doucement.) pourquoi

vous craindrais-je ?... vous êtes violent et fort... je suis douce et faible... l'avantage est donc de de mon côté... Enfin, si votre orgueil se révolte et refuse de m'entendre, je m'adresserai à votre cœur, qui me répondra, lui... parce qu'il est généreux et bon... Il y a six mois, je vous ai vu abandonner noblement une partie de votre fortune à un vieillard et à une jeune fille... tout à l'heure encore vous exposiez vos jours pour sauver de pauvres marins... Vous voyez bien que je ne peux pas avoir peur de vous... (Souriant.) et la preuve... c'est que je vous tends la main... Et cette main ne tremblera pas du tout dans la vôtre!... Voyez.

GEORGES, pressant la main de Pauline.

Que voulez-vous de moi, madame?... Parlez, je vous écoute.

PAULINE.

Vous me promettez d'être calme... même quand je vous demanderai pourquoi votre femme est malheureuse ?...

GEORGES, à part et avec émotion.

Malheureuse !... Elle !

PAULINE.

D'où vient cet isolement dans lequel vous la laissez ?... Pourquoi cet abandon tout à fait inexplicable?... Hortense a-t-elle oublié vos bienfaits, manqué à un seul de ses devoirs?

GEORGES, à part et se contenant à peine.

Mes bienfaits!... ses devoirs!... toujours!...

PAULINE.

Devant Dieu, vous vous êtes porté garant de son bonheur... Confiant en votre loyauté, M. d'Auberive ne pleure que l'absence de son enfant... Et moi, monsieur, j'arrivais ici sans inquiétude, sans crainte sur le sort de mon amie... Hortense m'a reçue avec un visage pâle, triste... Ses yeux étaient baignés de larmes qu'elle cherchait en vain à me cacher... J'apprends bientôt qu'exilée dans cet affreux pays, votre femme est une étrangère chez elle... que, dédaignée par vous, elle est impunément insultée par ceux qui vous entourent... Oh! alors, monsieur, j'ai dû vous demander compte du bonheur de mon amie... j'ai dû vous demander... pourquoi vous ne l'aimiez pas ?...

GEORGES, tombant sur le banc à droite, et ne contenant plus ses sanglots.

Je ne l'aime pas, mon Dieu!... je ne l'aime pas!..

PAULINE, courant à lui.

Monsieur Maurice!... qu'avez-vous ?... Il pleure!... lui!... et ses sanglots le suffoquent... Je vais appeler...

GEORGES, se levant vivement et retenant Pauline.

Oh! non... non, n'appelez pas... devant vous... mais devant vous seule, je puis pleurer...

PAULINE.

Que se passe-t-il donc ici ?

GEORGES.

Oh! tenez,

contenir le secret que je voulais renfermer... Je vous dirai tout !... à vous, sa sœur, mais à vous seule !... Vous avez été étonnée, n'est-ce pas, à la vue d'Hortense... vous l'avez trouvée pâle et triste ?... Regardez-moi, madame... suis-je le même homme ?... Dans ses yeux, vous avez surpris des larmes... Retrouvez-vous dans les miens ce rayonnement d'espérance et de joie qui vous avait si bien fait présager de l'avenir ?... Vous avez dit vrai, madame... le malheur est dans cette maison... chaque jour amène un nouveau supplice, chaque minute une nouvelle torture...

PAULINE.

Mais pourquoi tout cela ?

GEORGES, lui prenant les deux mains, et avec explosion.

Parce que j'aime ma femme et parce qu'elle me hait !...

PAULINE.

Hortense... Oh ! c'est impossible !

GEORGES.

Impossible, n'est-ce pas ?... car je n'ai pas forcé son choix... car je l'ai remerciée, bénie à deux genoux de m'avoir accepté... Pauvre fou !... elle payait un bienfait... elle accomplissait un devoir !

PAULINE.

Je ne vous comprends pas !

GEORGES.

Elle m'a suivi... mais comme l'esclave suit son maître, comme la victime suit son bourreau... Et lorsqu'un soir, seul avec elle... je lui parlais de notre avenir, pour moi si brillant et si beau... elle ne me répondait que par des larmes... Quand je lui parlais de mon amour, saint et pur comme elle... une pâleur livide couvrait son visage... Lorsqu'enfin inquiet, tremblant pour elle, j'ouvrais les bras pour l'y recevoir et la soutenir... elle me repoussait... Puis, haletante et sans force, elle tombait à mes pieds, glacée d'épouvante et d'horreur !... Elle me haïssait, madame, elle me haïssait !...

PAULINE, à part.

Il y a là un étrange mystère.

GEORGES.

Oh ! de ce moment, j'ai compris que son mariage était un sacrifice à son père... la victime s'était dévouée... Depuis cette fatale révélation, je me suis condamné à n'être plus qu'un étranger pour elle... Pas un mot d'amour n'est sorti de ma bouche... mais cet amour est resté dans mon cœur, il a grandi avec le désespoir... C'est un feu que je renferme là, dans mon sein... mais qui me brûle... qui me dévore... Car je l'aime, voyez-vous, je l'aime comme je n'ai jamais aimé ma mère... Quand finissent mes journées de travail, je rentre là... (Il montre le pavillon à droite.) seul... toujours seul... Je suis bien malheureux, sans doute... mais elle est entièrement maîtresse d'elle-

même... Rien ne peut ainsi lui rappeler ni les droits de l'époux, ni les devoirs de la femme... Un jour peut-être elle me comprendra... alors elle aura pitié de moi, et me rappellera... alors je ne la devrai qu'à elle-même, et à Dieu !... Voilà le secret et l'espoir de ma vie, madame... J'aime et j'attends.

PAULINE, essuyant ses larmes.

Et je vous accusais... Oh ! que j'étais injuste !... Mais ce que vous avez fait là est sublime !... (Lui tendant la main.) Merci, monsieur Maurice, merci d'avoir eu confiance en moi... Hortense ne peut pas vous haïr... Oh ! non, j'en suis sûre... Elle croit à votre dédain, à votre abandon... comme vous croyez à son aversion !... Mais quand elle vous connaîtra bien... quand elle saura tout ce que je viens d'apprendre... à son tour, elle viendra à vous... à son tour... elle vous tendra la main... elle vous aimera comme vous méritez qu'on vous aime...

GEORGES.

Aimé d'elle !...

PAULINE, vivement et gaîment.

Mais si j'étais votre femme, je vous adorerais ! Tenez... tout à l'heure je vous aurais battu... à présent, il faut que vous embrasse. (Elle lui saute au cou.) Je vais retrouver Hortense... A bientôt... et bon espoir ! (A part.) C'est un ange que cet homme-là...

(Elle entre dans la maison, après avoir serré la main de Maurice.)

SCÈNE IX.

GEORGES, puis ANTOINE.

GEORGES, seul.

Allons... mon sort va se décider... Hortense saura ce qui se passe en moi... Mais croira-t-elle la voix amie qui va me défendre ?... Me plaindra-t-elle, au moins ?...

ANTOINE, au fond, montrant la lettre.

Je la tiens !...

GEORGES.

Oh ! je n'ose espérer... une nouvelle déception me tuerait !...

ANTOINE, descendant la scène.

Et c'est bien une lettre d'amour...

GEORGES, l'apercevant.

Ah ! c'est toi. Que me veut-on ?...

ANTOINE.

Si je te gêne... je m'en vais... Je n'ai d'ailleurs qu'un mot à te dire... Je suis prêt à te rendre mes comptes... et le plus tôt sera le mieux.

GEORGES.

Pourquoi ?

ANTOINE.

Parce que je vais partir.

GEORGES, avec surprise.

Tu veux me quitter ? toi... mon parent, mon ami !

ANTOINE.

C'est précisément parce que je croyais être ton ami, que je ne veux pas qu'on me traite comme un domestique, ni ma femme non plus... ma femme surtout, qui n'a pas de belles manières, c'est vrai... mais qui en vaut bien une autre... Je me retirerai dans mon bien... Nous ne sommes pas millionnaires comme vous autres... mais, dans mon bien, du moins on nous respectera...

GEORGES.

Allons, tu es fou... Je verrai Hortense... je lui parlerai...

ANTOINE.

C'est inutile... elle me prierait de rester, que je refuserais.

GEORGES.

Si tu veux sacrifier notre vieille amitié à quelques paroles irréfléchies d'une jeune femme... c'est que cette amitié n'a pas de prix pour toi... Je ne te retiens plus.

ANTOINE.

S'il ne s'agissait que de paroles... mais il y a des actions qui révoltent, et qu'on ne peut voir, quand on est honnête homme.

GEORGES.

Tu as donc, pour me quitter, un motif que tu voulais me cacher ?

ANTOINE.

C'est possible... mais, ce motif, je le garde pour moi...

GEORGES.

Je dois... je veux le connaître !

ANTOINE.

Et si c'est pour toi, que je ne...

GEORGES.

Je veux tout savoir !...

ANTOINE.

Au fait... je ne veux pas non plus passer pour un ingrat... un sans-cœur... Et puisque tu me le demandes, tu sauras pourquoi je n'avais plus le courage de rester ici.

GEORGES.

Mais parle donc !

ANTOINE.

Georges, tu aimes ta femme, et ta femme ne t'aime pas.

GEORGES, se contenant.

Qui ose dire cela ?

ANTOINE.

Qui ?... Eh ! parbleu ! toi tout le premier... toi, qui parles la nuit, quand les autres dorment, toi, qui parles tout haut quand tu crois être seul. Pauvre sot ! tu l'aimes de tout l'amour qu'elle a pour un autre !

GEORGES, avec fureur.

Malheureux !... (Renversant à demi Antoine. — A demi-voix.) Si quelqu'un avait pu t'entendre, sais-tu que je t'aurais...

ANTOINE.

Tué?... Non pas, car j'aurais eu le temps de te mettre sous les yeux la preuve de sa trahison !

GEORGES.

La preuve !... J'ai mal entendu... Tu as une preuve ?... Non, c'est un mensonge ! une lâcheté !

ANTOINE, froidement, lui remet la lettre.

Lis...

GEORGES, hésitant à ouvrir la lettre.

Une lettre !... une lettre sans adresse... Rien ne dit que ce soit... pour un amant !

ANTOINE.

Lis donc !...

GEORGES, ouvrant la lettre.

Soit !... mais si tu as menti !...

ANTOINE.

Je ne mens jamais !

GEORGES, après avoir lu la lettre.

Oh ! le nom... le nom de cet homme !... Oui, elle l'aime, elle tremble pour ses jours... il était près de nous dans cette auberge... (Avec rage.) et je n'ai rien vu... rien soupçonné !... Oh ! imbécile !

ANTOINE.

Silence ! C'est elle... contiens-toi...

GEORGES.

Laisse-nous... mais laisse-nous donc, te dis-je !
(Antoine sort par le fond, à droite.)

ccoooooooooooooooooooooooooooooooooooooooooooooooooooo

SCÈNE X.

GEORGES, HORTENSE, sortant de la maison avec agitation.

HORTENSE, à part.

M. Langlois vient de m'apprendre que Charles allait rentrer en France ! Grâce au ciel, il ignore encore le nom de mon mari. Oh ! Pauline a raison, l'amour de M. Maurice est à présent mon meilleur, mon seul refuge... c'est à lui de me défendre contre Charles, contre moi-même... Le voilà !

GEORGES, à part, au fond.

Oh ! je saurai le nom de cet homme !
(Il redescend la scène en cherchant à se contenir, et se trouve à la droite d'Hortense.)

HORTENSE, à part.

Pourquoi donc trembler ainsi devant lui !... (Haut.) Monsieur... je viens... vous prier de me pardonner...

GEORGES.

Vous pardonner !...

HORTENSE.

Je sais maintenant tout le mal qu'involontai-
rement je vous ai fait... Je sais que j'avais tort de
me plaindre de vous, qui étiez malheureux par
moi... et qui vouliez me cacher vos souffrances...
Monsieur Maurice, je vous ai confié ma destinée,
parce que vous avez été noble et généreux... et
c'est sans contrainte, je vous le jure, que ma
main s'est posée dans la vôtre... A votre amour,
e répondrai par une estime profonde, un dévoûment sans bornes... (Avec hésitation.) L'avenir est
à nous, Georges...

GEORGES, à part.

Mon nom...

HORTENSE, plus timidement encore.

Et peut-être qu'un jour...

GEORGES, la regardant en face.

Vous savez mal mentir, madame !

HORTENSE.

Que dites-vous ?

GEORGES.

Et je m'en applaudis, car vous allez me dire le
nom de l'homme auquel vous adressiez cette lettre !...

HORTENSE.

Cette lettre, mon Dieu !... comment est-elle
dans vos mains ?

GEORGES.

Je crois que vous m'interrogez !... Ce nom,
madame ?... je veux savoir ce nom !

HORTENSE.

Écoutez, monsieur, je vous dirai tout, car je ne
suis pas coupable !

GEORGES, avec emportement.

Ah ! pas d'explications ! ce nom, je ne veux que
ce nom !...

HORTENSE.

Pour aller vous battre ! pour que je cause vo-
t-e mort comme j'ai causé votre malheur !... Jamais ! jamais ! monsieur !

GEORGES, avec amertume.

Ah ! ah ! ah ! ah ! je vous avais bien dit que
vous ne saviez pas mentir... Vous feignez de
trembler pour moi !... mais c'est pour lui que
vous avez peur... et vous avez raison... (Avec colère.) car je le tuerai ! entendez-vous ? je le tuerai !...

HORTENSE.

Grâce... monsieur... grâce !...

GEORGES.

Aujourd'hui, comme à l'auberge de Cerny...
vous m'implorez pour lui !... Infâme !...

HORTENSE.

Écoutez-moi, monsieur, par pitié !...

GEORGES.

De la pitié !... ni pour lui... ni pour vous...
Si... je vous ferai grâce, à vous, si vous me dites
son nom !...

HORTENSE.

Jamais !... jamais !...

GEORGES, levant la main sur elle.

Misérable !...

HORTENSE, à demi renversée sur le banc.

Ah !...

GEORGES, la relevant brusquement.

On vient... Allons ! relevez-vous, madame...
et dévorez vos larmes, comme je dévore ma honte !

SCÈNE XI.

Les Mêmes, LANGLOIS, PAULINE, puis
ANTOINE, au fond.

LANGLOIS, sur le perron.

Mon cher client...

GEORGES, allant vivement à lui.

Excusez-nous, mon cher hôte, nous sommes
tout à vous...

PAULINE.

Eh bien ! ai-je réussi ? sommes-nous bien d'ac-
cord ?

GEORGES, forçant son visage à sourire, et restant
toujours entre sa femme et M. et Mme Langlois.

En ce moment, madame, nous n'avons tous les
deux qu'une seule pensée. Mais veuillez vous
mettre à table sans moi, j'ai quelques dispositions
à prendre, quelques ordres à donner, que mon...
bonheur m'avait fait oublier...

HORTENSE, bas, à Georges.

Au nom du ciel ! monsieur...

GEORGES.

Allons, Hortense, faites les honneurs de votre
maison... (Bas.) Contenez-vous, madame... et pas
un mot, entendez-vous ? pas un mot... je le veux !
(Haut.) Dans un instant, je suis à vous.
(Il les reconduit jusqu'au perron, et, en redescendant
la scène, il se trouve en face d'Antoine.)

SCÈNE XII.

GEORGES, ANTOINE.

ANTOINE, à part, pendant la sortie des personnages.

Allons, elle s'est justifiée... la partie est perdue.
(Haut, à Georges.) Eh bien ! je n'ai plus qu'à partir... car tu l'aimes toujours, n'est-ce pas ?

GEORGES.

Je la tuerai... si je ne trouve pas cet homme
dont elle m'a caché le nom... Mais, au village de
Cerny, je retrouverai les traces de cet odieux rival... A la poste, on me dira la route qu'il a

prise... Je le suivrai... je l'atteindrai... fût-il au bout du monde !

ANTOINE.

Bien trouvé ! vous vous battrez... et s'il te tue, ta veuve lui portera en dot une fortune que tu as amassée avec tant de peine !

GEORGES.

Non, non ! je ne veux pas que ma mort soit un double bonheur pour elle... Tout ce que la loi me permet de distraire de mon bien... je vais, par un testament olographe, l'assurer à ton fils !

ANTOINE.

Je refuse... Un service comme celui que je t'ai rendu ne se paie pas... D'ailleurs, n'as-tu donc que nous à enrichir ?

GEORGES.

Vous et une autre personne que je ne dois pas non plus oublier... Écoute, Antoine, je vais te demander une nouvelle preuve de ton amitié... Il est un pauvre orphelin dont le bonheur est mon premier devoir : je ne peux pas exposer ma vie sans avoir assuré son avenir... Depuis près de vingt ans je me suis fait le soutien, le père de ce jeune homme, qui ne connaît pas lui-même son protecteur...

ANTOINE.

Tu ne m'avais jamais parlé de cela... Pourquoi cette protection ?...

GEORGES.

Elle rachetait une erreur fatale... un crime... Ne m'en demande pas plus aujourd'hui... Je vais te donner, pour ce jeune homme, une somme de deux cent mille livres...

ANTOINE.

Deux cent mille livres !...

GEORGES.

Que tu lui remettras sans lui dire, entends-tu bien, de qui vient cette somme... Demain, tu partiras une heure avant moi ; tu iras à Paris, à l'adresse que je t'indiquerai...

ANTOINE.

Et si ce jeune homme m'interroge ?

GEORGES.

Tu ne connais pas la personne qui t'envoie... S'il t'offre un reçu, tu le refuseras... Tu vois bien que je ne pouvais charger que toi de cette affaire...

ANTOINE.

Et le nom du jeune homme ?

GEORGES.

Charles d'Arbel.

ANTOINE, à part.

Charles d'Arbel !...

GEORGES.

Attends-moi là... Dans un instant, je te remettrai le testament que je vais faire. Quelques lignes suffiront. Je te donnerai tout, à toi, mon ami...

mon seul, mon véritable ami... à toi qui avais honte de mon déshonneur... (Il pleure.) Oh ! je la déteste, cette femme !...

ANTOINE.

Et pourtant tu pleures...

GEORGES.

Eh bien ! oui... comme un enfant... comme un lâche... Oh ! c'est que je l'aimais tant... mon Dieu ! je l'aimais tant...

(Il entre dans le pavillon, et, par la fenêtre qui est ouverte, on le voit se placer devant une table et écrire.)

SCÈNE XIII.

ANTOINE, seul.

Est-ce un rêve ? mon fils seul héritier !... Deux cent mille livres à remettre à un inconnu !... deux cent mille livres dont je ne prendrai ni reçu ni reconnaissance !... Deux cent mille livres entre mes mains !... toute sa fortune à mon fils !... S'il allait mourir dans ce duel !... Bah ! ils ne se battront pas... il reviendra pour pardonner... car il l'aime encore, cette femme... il rétractera ce qu'il fait aujourd'hui... puis viendront de nouveau ces comptes à lui rendre... et je ne le peux pas !... Je serais perdu !... perdu lorsque je tiens dans mes mains tant de richesses !...

SCÈNE XIV.

ANTOINE, GEORGES, sortant du pavillon.

(Musique jusqu'à la fin de l'acte.)

GEORGES.

Voici le testament en faveur de ton fils, et, dans ce portefeuille...

ANTOINE.

Les... deux cent mille livres...

GEORGES.

A l'adresse de Charles d'Arbel... Tu te souviens de ce que je t'ai dit ?...

ANTOINE.

Ni explications ni reçu... je m'en souviens...

GEORGES, sur les marches du perron, à Antoine.

Demain, à six heures, sois prêt à partir.

ANTOINE, à la grille du fond.

Demain... je serai prêt. (A part.) La nuit porte conseil.

ACTE QUARIÈME.

Quinze jours après le troisième acte.

Un petit salon du logement de Mme Maurice. — A gauche du spectateur, au premier plan, un guéridon, un fauteuil. — A gauche, au deuxième plan, une cheminée avec une glace au dessus. — Au troisième plan, une porte latérale. — Porte au fond, ouvrant sur une antichambre. — Au troisième plan, à droite, la porte de la chambre de Maurice. — Au deuxième plan, une bibliothèque. — Au premier plan, un fauteuil. — Meubles et tentures sombres. — Il fait à peine jour. — Deux bougies, presque consumées, brûlent encore. — Un encrier, un sucrier, un verre d'eau, sont aussi sur le guéridon. — Pauline est assise et écrit.

SCÈNE I.

PAULINE, écrivant.

N'ai-je pas entendu?... non, je me trompais... (Relisant sa lettre.) « Applaudissez-vous, mon cher » mari, d'avoir été subitement rappelé à Paris » par vos affaires... Le spectacle que j'ai sous les » yeux est déchirant. Mais je ne puis abandon- » ner ma pauvre Hortense... M. Maurice, qui de- » vait partir avec vous, en a été tout à coup em- » pêché, vous le savez, par un mal violent, » étrange... Depuis votre départ, son état n'a fait » qu'empirer... Notre amie a été admirable de » dévoûment... grâce à ses soins de toutes les » minutes, grâce au docteur Gerfant, médecin » plein de science et de zèle, M. Maurice a re- » trouvé quelque force... Le délire l'a enfin quit- » té... Mais, vous le dirai-je, lui seul ici sem- » ble n'être pas touché de ce qu'Hortense a fait » pour lui... Mon Dieu! que s'est-il donc passé » entre eux?... Par le prochain courrier, je » vous enverrai de nouveaux détails... puissent- » ils être moins tristes, moins désespérans que » ceux-ci... »

(Après avoir terminé sa lettre, elle la ferme. — Pendant ce temps, Charlotte sort de la chambre de Maurice.)

SCÈNE II.

PAULINE, CHARLOTTE.

CHARLOTTE.

Déja levée, madame Langlois?
(Elle éteint les bougies et les place sur la cheminée.)

PAULINE, se levant.

L'inquiétude m'a tenue éveillée toute la nuit... Vous sortez de chez M. Maurice?

CHARLOTTE, à la gauche de Pauline.

Oui, madame. Se sent-il un peu mieux, il a voulu se lever, et Mme Maurice a bien été obligée de m'appeler... Si elle continue, elle mourra à la peine... Aller, venir, tout le jour, veiller la nuit... un saint n'y résisterait pas.

PAULINE.

Pauvre Hortense, à quelles épreuves est-elle soumise!

CHARLOTTE.

Tenez, madame Langlois, je suis franche; je n'aimais guère Mme Maurice, j'avais même bien des raisons pour ne pas l'aimer du tout... mais depuis que j'ai vu cette belle dame soigner son mari aussi bien et mieux que je ne soignerais Antoine... je n'ai pas pu lui en vouloir. C'est une vraie sœur de charité que cette jeune femme là... et ça m'indigne, à présent, d'entendre toutes les infamies qu'on débite sur son compte.

PAULINE.

Et qu'ose-t-on lui reprocher?

CHARLOTTE.

Des choses... abominables... impossibles... oui, impossibles... Parce qu'on a aimé quelqu'un avant son mariage, ce n'est pas une raison pour...

PAULINE.

Que dites-vous?

CHARLOTTE.

Ce que vous devez savoir aussi bien que moi... c'est cette malheureuse lettre au jeune homme de Cerny qui est cause de tout.

PAULINE.

Une lettre?...

CHARLOTTE.

Sans doute; mais, comme je le disais hier, cette lettre ne prouve pas que Mme Maurice désire être veuve... ni qu'elle se soit arrangée pour le de- venir.

PAULINE.

Je ne vous comprends pas.

CHARLOTTE.

Ce n'est que trop clair... Tout le monde prétend que Mme Maurice a voulu empêcher son mari d'aller tuer son amoureux... car c'était pour aller se battre que M. Maurice devait partir.

PAULINE.

Se battre!

CHARLOTTE.

Et ils ajoutent, les uns tout bas, les autres tout haut, qu'elle lui a donné... (A voix basse.) du poison!

PAULINE, avec horreur.

Oh!... on ose accuser Hortense d'un crime aussi lâche!... Oh! mais vous savez, vous, avec quel dévoûment elle lutte contre la maladie de son mari... vous savez que si M. Maurice échappe à la mort, c'est à ses soins qu'il le devra...

CHARLOTTE.

C'est ce que je leur réponds... mais ils disent qu'elle le soigne comme ça pour qu'on ne la soupçonne pas. Enfin, madame, quand la pauvre femme prie tous les soirs le bon Dieu pour son mari, elle ne se doute pas qu'elle le prie aussi pour elle.

PAULINE.

Pour elle?

CHARLOTTE.

Les ouvriers, les marins, qui adoraient leur capitaine et leur maître, sont tellement exaspérés, voyez-vous... que s'il arrivait malheur à M. Maurice... ils seraient capables de...

PAULINE.

Achevez...

CHARLOTTE.

De la mener en justice.

PAULINE, avec effroi.

Ah!

CHARLOTTE.

Chut! c'est elle, ne dites rien... il ne faut pas qu'elle se doute... La voilà!

SCÈNE III.

CHARLOTTE, PAULINE, HORTENSE.

HORTENSE, sans voir Pauline d'abord.

Madame Antoine... Georges exige que j'aille prendre un peu de repos... Paul et Mariette sont auprès de lui... et doivent m'avertir au moindre accident... Je compte aussi sur vous... sur votre amitié pour mon mari...

CHARLOTTE.

J'irais vous prévenir tout de suite... mais laissez-moi vous aider, laissez-moi veiller cette nuit...

HORTENSE.

Vous êtes mère, madame... ménagez-vous pour votre enfant...

CHARLOTTE, à part.

On a beau dire, ça n'est pas là une méchante femme.   (Elle sort par le fond.)

SCÈNE IV.

PAULINE, HORTENSE.

PAULINE, allant à son amie et restant à sa droite.

Hortense!...

HORTENSE.

Ma chère Pauline... quelque précieuse que me soit ton amitié, c'est avec peine que je te vois prolonger ton séjour ici... Retourne à Paris, va, laisse-moi seule accomplir ma destinée...

PAULINE.

T'abandonner à présent!... Oh! jamais! jamais!... Je resterai avec toi jusqu'au rétablissement de ton mari... Ce rétablissement est prochain... assuré... n'est-ce pas? M. Gerfaut....

HORTENSE.

Est toujours inquiet... Il ne peut se rendre maître de cette maladie cruelle, dont les symptômes l'étonnent et l'épouvantent... Hier encore, il n'osait me répondre de rien...

PAULINE, avec effroi.

Oh! mon Dieu!... s'il allait mourir...

HORTENSE.

Mourir!... Oh! non... Dieu aura pitié de moi! Si Georges mourait... Pauline... c'est moi, moi qui l'aurais tué!

PAULINE.

Toi!...

HORTENSE.

Pauline... je suis indigne de l'amitié de sœur que tu m'as vouée, indigne de la tendresse de mon mari... Ce que tu appelles mon admirable dévoûment... c'est du remords...

PAULINE.

Du remords!... Ah! tu me fais peur...

HORTENSE.

J'ai eu un secret... pour toi... pour lui... pour lui!... si noble, si généreux!... Je l'ai indignement trompé...

PAULINE.

Trompé!...

HORTENSE.

Fille dévouée, je me suis faite épouse infâme! car j'ai donné ma main, quand mon amour était à un autre...

PAULINE, à part.

C'était donc vrai...

HORTENSE.

Oui, il était tout entier à Charles d'Arbel... à Charles que je ne voulais plus revoir... et que j'ai revu...

PAULINE.

Malheureuse!...

HORTENSE.

Oh! mon cœur seul a été coupable... Georges

a tout découvert... et, le lendemain, il était à l'a-
gonie... Tu vois bien que, s'il meurt, il faudra
que je meure aussi... car c'est moi seule qui l'aurai tué...

PAULINE.

Oh ! pardonne-moi, Hortense, pardonne-moi...
car un moment j'ai douté de toi... Pauvre mar-
tyre !... tu éloigneras Charles de ta pensée... tu
accompliras jusqu'au bout le sacrifice... Georges,
plus calme, connaîtra ce passé qui cachait une
douleur et non pas un crime... Il te plaindra...
te pardonnera...

HORTENSE.

Georges... Cette nuit, j'étais seule... à genoux
devant son lit... Je le croyais endormi, et je priais
pour lui, comme j'aurais prié pour mon père...
Il me regardait... Pour la première fois il tendit
sa main vers moi... je la couvris de mes larmes...
« Pauvre femme !... » me dit-il. Je voulus parler,
il posa sa main sur mes lèvres : « Laissez-moi
oublier... » Il me regardait toujours... et son regard était d'une angélique douceur : « Oh ! si vous
m'aviez aimé !... » Puis il referma les yeux...
Avec quelle joie, en ce moment, j'aurais donné
ma vie pour sauver la sienne !

(On entend le son d'une cloche éloignée.)

PAULINE.

Quel est ce bruit ?

HORTENSE.

C'est la cloche de l'église... Elle appelle les ha-
bitans de ce village... Si j'osais m'absenter, j'irais
demander à Dieu de la force pour lui .. et du
courage pour moi...

PAULINE.

C'est une bonne et sainte pensée qui t'est venue là : si la science humaine a des bornes, la
puissance divine n'en a pas... viens l'implorer
avec moi... L'église n'est qu'à quelques pas de la
maison, je t'accompagnerai... Viens, nous prierons, pauvre femme, nous prierons pour Georges
et pour toi...

(Elle l'entraîne avec elle par la porte latérale de
gauche.)

SCÈNE V.

ANTOINE, CHARLOTTE, entrant par le fond.

CHARLOTTE.

Si c'est pour me dire des choses pareilles que
tu reviens de Paris...

ANTOINE, en costume de voyage.

Je te répète, moi, que tu es dupe de son hypocrisie... A trois lieues à la ronde, tout le monde
l'accuse... A la dernière poste, on parlait d'avertir la justice... sans moi, on y allait, à la justice...
(A part.) Mais il n'est pas temps encore...

CHARLOTTE, ôtant l'encrier et le sucrier du guéridon,
et les plaçant sur la cheminée.

Oh ! quand tu la verras auprès de son mari...
tu diras comme moi... cette femme-là n'est pas
coupable...

ANTOINE.

Tiens ! ne parlons plus d'elle... (Appelant sa
femme.) Charlotte, viens donc ici... dis-moi...
(Avec hésitation.) M. Gerfaut... le médecin... est
venu ?...

CHARLOTTE, à la droite d'Antoine.

Tous les jours.

ANTOINE.

Tous les jours... et il n'a pas de soupçons ?...

CHARLOTTE va à la porte de Maurice, qu'elle ferme
soigneusement.

Je ne sais pas... mais (A voix basse.) depuis un
instant... j'en ai, moi, des soupçons...

ANTOINE.

Toi !... Oh ! bon Dieu ! que veut-elle dire ?...

CHARLOTTE, revenant à la gauche d'Antoine.

J'ai découvert,...

ANTOINE.

Quoi donc ?

CHARLOTTE.

Je n'ai voulu parler de ça à personne, avant
ton retour...

ANTOINE.

Achève...

CHARLOTTE, à demi-voix.

Tu te souviens de cette poudre que j'ai tirée
des mains de Mme Maurice, il y a un mois à
peu près.

ANTOINE, commandant à son trouble.

Eh bien ?

CHARLOTTE.

Je l'avais soigneusement serrée au fond d'un
tiroir de ma commode... Tout à l'heure, en ouvrant par hasard ce tiroir... je n'y ai plus trouvé
le paquet que j'y avais placé...

ANTOINE, vivement.

Tu es sûre de n'avoir parlé de cela...

CHARLOTTE.

A personne... qu'à toi... Si cela était tombé en
de méchantes mains... j'en ai la fièvre...

ANTOINE, après un silence, fait signe à Charlotte de
se rapprocher de lui.

Charlotte... (Avec intention.) Mme Maurice venait
souvent dans notre chambre ?

CHARLOTTE.

Jamais.

ANTOINE, appuyant.

Elle y est venue.

CHARLOTTE.

Jamais, te dis-je.

ANTOINE, avec force.

Je te dis, moi, qu'elle y est venue, puisque ce poison a disparu.

CHARLOTTE, effrayée.

Oh! tais-toi, Antoine, tais-toi! Sais-tu qu'une parole comme celle-là pourrait la faire monter sur un échafaud. C'est affreux ce que tu dis là!

ANTOINE.

Tu as raison, je me suis laissé emporter trop loin... D'ailleurs, il faudra qu'on retrouve ce paquet...

CHARLOTTE, allant sur le fauteuil, à droite, et tricotant.

Certainement, il faudra qu'on le retrouve.

ANTOINE, regardant du côté par lequel Hortense est sortie.

Oui, on le retrouvera. (Il se rapproche doucement du fauteuil sur lequel Charlotte est assise, et se trouve ainsi à sa droite, un peu en arrière. — Haut.) Charlotte! tu me disais que Georges s'était levé aujourd'hui... C'est singulier... à mon départ, je ne croyais plus le revoir... il était si mal...

CHARLOTTE.

Et tu partais?...

ANTOINE, vivement.

Par son ordre... Ce voyage ne pouvait se remettre... (Avec intention.) Il n'a rien dit de ce voyage?

CHARLOTTE.

Rien... Seulement, il semblait t'attendre avec impatience... Est-ce que tu ne veux pas le voir?

ANTOINE, troublé.

Le voir... oui... oui... sans doute... Il faut même que je lui parle... pendant que sa femme n'est pas auprès de lui...

CHARLOTTE, se levant.

Je vais t'annoncer.

ANTOINE, la retenant.

Attends... attends encore... (Avec émotion.) Il est bien changé, n'est-ce pas?

CHARLOTTE.

Le pauvre homme est méconnaissable... C'est lui que j'entends... Il vient ici pour essayer ses forces.

ANTOINE, avec effroi.

Lui!... (Puis, se remettant.) Il le faut...

(Georges entre, soutenu par Charlotte, qui a été au devant de lui. La maladie a fait chez Georges d'affreux ravages; il se traîne avec peine jusqu'à un fauteuil, à droite.)

CHARLOTTE.

Antoine est revenu... le voilà.

GEORGES.

O mon bon Antoine, enfin...

ANTOINE, à Charlotte.

Laisse-nous!

SCÈNE VI.

ANTOINE, GEORGES.

GEORGES, à Antoine, qui semble ne pas oser s'approcher.

Eh bien! Antoine, pourquoi ne viens-tu pas me serrer la main? (Antoine s'approche.) Tu as peine à me reconnaître, n'est-ce pas?... Allons, remets-toi, mon ami... et tandis que nous sommes seuls, rends-moi vite compte de ton voyage... Tu as été à Paris?

ANTOINE, d'une voix étouffée.

A Paris... oui.

GEORGES.

Tu as vu M. d'Arbel?

ANTOINE.

Oui, je l'ai vu.

GEORGES.

Tu as remis le portefeuille... à lui-même?

ANTOINE.

A lui-même.

GEORGES.

Sans lui dire de quelle part tu venais?

ANTOINE.

Je n'ai rien oublié.

GEORGES.

C'est bien... Mais pourquoi me parles-tu avec cette contrainte? pourquoi détournes-tu les yeux? Ah!... ces ravages si prompts, si terribles t'épouvantent, n'est-ce pas?... Antoine... (Se soulevant avec effort.) Aide-moi donc à me traîner devant cette glace... (Antoine hésite.) Je le veux... donne-moi ta main... elle a toujours été fidèle et sûre... (Il arrive, appuyé sur Antoine, jusque devant la glace au dessus de la cheminée, et s'y regarde un moment.) Ils disent qu'ils me sauveront!... et la mort est déjà imprimée sur mon visage... La mort... elle peut venir... je ne regrette rien dans la vie... (Il se place sur le fauteuil, près du guéridon, à gauche du spectateur.) C'est la douleur qui est horrible!... Tu ne sais pas, toi, tout ce que j'ai souffert, tout ce que je souffre encore... ce feu qui déchire mes entrailles... qui me brûle, me dévore, et que rien ne peut éteindre... Tiens, Antoine, il y aurait, je crois, de l'humanité à me tuer.

ANTOINE, à part.

Pourquoi suis-je revenu! le courage me manquera.

GEORGES.

Pourtant, je dois remercier Dieu, qui m'a donné assez de force pour lutter jusqu'à ton retour; car je serais mort désespéré, si j'étais mort sans te revoir... car, à toi seul j'avais dit : elle est coupable... à toi je voulais dire... elle est innocente!

ANTOINE, vivement, et se rapprochant de Georges.

Innocente !... As-tu donc oublié... cette lettre...

GEORGES.

Non... je l'ai relue, au contraire !...

ANTOINE.

Eh bien ?

GEORGES.

Le désespoir et la jalousie avaient égaré ma raison. Cette lettre est d'une femme honnête... Elle aimait, sans doute... mais d'un amour saint et pur... elle aimait celui qui devait être son fiancé... En lui apprenant qu'à son père elle avait dû sacrifier ses rêves de bonheur, elle lui défendait tout espoir... Oui, Antoine, oui, cette lettre est d'une femme honnête... et je l'ai accablée de mépris et d'outrages... et quand elle me suppliait de l'entendre... je l'ai repoussée avec brutalité... et sais-tu comment elle s'est vengée, cette femme, cet ange ?... (Mouvement d'Antoine.) Oh! tu l'aimeras, tu l'admireras comme moi... à mon chevet, j'avais en elle la fille la plus tendre, la sœur la plus dévouée... bravant les veilles, la fatigue, luttant contre mon délire, épiant chacun de mes gestes, chacun de mes regards, me demandant parfois pardon, à moi... qui l'adorais des yeux, qui la bénissais du cœur...

ANTOINE, à part.

J'avais deviné juste... Serais-je arrivé trop tard?

GEORGES.

Ainsi... tu oublieras tout ce qui s'est passé... A l'avenir, tu ne parleras de Mme Maurice qu'avec respect.

ANTOINE, avec une feinte douceur.

Je ferai ce que tu voudras... mais tu auras bien de la peine à faire changer l'opinion sur son compte.

GEORGES, avec surprise.

L'opinion ?

ANTOINE.

Je ne sais par quelle fatale indiscrétion l'arrivée de cette lettre, ta scène avec ta femme, ton projet d'aller tuer ton rival, tout cela est connu dans le pays.

GEORGES.

Et on accuse Hortense ?

ANTOINE.

On la condamne.

GEORGES, se levant.

Oh ! je la justifierai... je la justifierai publiquement ! Oui... je vais faire venir ici le notaire... le pasteur... mes chefs d'ateliers... et devant tous, je dirai qu'Hortense d'Auberive est une noble et sainte femme; devant tous, je lui demanderai pardon de mon fol emportement...

(Il se dirige vers la porte du fond.)

ANTOINE, courant à lui et se trouvant à sa droite.

Tu veux...

GEORGES.

La justifier, te dis-je... à l'instant.

ANTOINE, le retenant.

Mais tes forces te trahiront... attends à ce soir... Georges, je t'en supplie... tu ne peux pas me refuser cela... Attends à ce soir.

GEORGES, redescendant la scène.

Pourquoi cette insistance?

ANTOINE.

Parce que cette scène te tuera... (Avec intention.) Si tu veux vivre, Georges, ne te hâte pas tant de justifier ta femme.

GEORGES.

Je ne te comprends pas.

<hr>

SCÈNE VII.

LES MÊMES, UN DOMESTIQUE.

LE DOMESTIQUE, au fond.

M. Gerfaut est là, monsieur.

ANTOINE.

Le médecin, je te laisse avec lui.

GEORGES.

J'attendrai à ce soir... Mais je ferai ce que j'ai dit, entends-tu... je le ferai...

ANTOINE, à part.

Peut-être...

(Antoine sort par la gauche, sans voir M. Gerfaut, qui entre par le fond, suivi de Charles d'Arbel. Ce dernier porte une boîte en forme de nécessaire, qu'il dépose sur le guéridon, après avoir salué Maurice. Le domestique, avant de sortir, a avancé deux siéges auprès du fauteuil, à droite.)

<hr>

SCÈNE VIII.

GEORGES, GERFAUT, CHARLES.

GEORGES, allant au devant de Gerfaut, qui lui serre la main.

Cher docteur... vous êtes surpris de me trouver debout et hors de ma chambre... c'est qu'en votre absence mon bon ange est toujours là.

GERFAUT, faisant asseoir Maurice sur le fauteuil, à droite du spectateur.

Et ses soins, monsieur Maurice, ont fait plus que mon art... Si je suis venu, ce matin, plus tard que de coutume, c'est que j'attendais l'arrivée d'un de mes collègues... Je l'ai amené pour qu'il m'aidât de ses lumières.

(Gerfaut présente Charles d'Arbel et le fait asseoir sur la chaise la plus rapprochée du fauteuil de Maurice.)

GEORGES.

Je vous comprends, mon ami, vous désespérez de votre malade.

GERFAUT, s'asseyant.

Oh ! ne croyez pas cela !

GEORGES, souriant.

Allez-vous me traiter comme une femme, comme un enfant, auxquels on montre encore la vie, quand la mort les a déjà glacés ?

GEORGES.

Non, car je sais que vous êtes un homme courageux et fort... Aussi, loin de vous rien cacher, je vous dirai toute ma pensée, quelque affreuse qu'elle soit... J'hésitais encore hier, mais ce matin, et avant de venir ici, j'ai fait connaître à mon ami tous les symptômes que j'étudie en vous depuis huit jours... et, son opinion étant venue corroborer la mienne... différer davantage serait un crime...

CHARLES, qui a bien examiné Maurice pendant que Gerfaut parlait, échange un regard avec son collègue, avant de parler.

Monsieur Maurice, vous connaissez-vous quelque ennemi ? Êtes-vous bien sûr de tous ceux qui vous entourent ?

GEORGES.

Pourquoi me demandez-vous cela ?

GERFAUT.

Répondez, de grâce...

GEORGES.

Des ennemis... je ne cois pas en avoir... et tous ceux qui m'entourent me sont chers et dévoués...

CHARLES, avec hésitation.

Parmi eux cependant se cache une main homicide et infâme.

GEORGES.

Qu'entends-je !

CHARLES, vivement.

Nous vous sauverons, monsieur Maurice, la justice du ciel aidant, nous vous sauverons... Mais, je vous le répète, cette maison renferme un ennemi... (A mi-voix.) un assassin !

GEORGES, avec surprise.

Un assassin !

CHARLES.

Et, pour vous frapper, on a pris l'arme des faibles et des lâches... l'arme la plus sûre, car elle tue lentement... le poison... (Il se lève.)

GEORGES, avec effroi et se levant.

Le poison !

GERFAUT, courant à lui.

Oh ! mais nous vous sauverons, monsieur Maurice !

CHARLES, qui a remonté vers le fond.

Silence ! on vient !

SCÈNE IX.

LES MÊMES, CHARLOTTE, entrant par le fond, portant un plateau sur lequel sont une théière et une tasse.

GERFAUT, bas à Maurice, en le faisant rasseoir.

Pour Dieu ! ne laissez rien paraître !

CHARLOTTE, allant déposer le plateau sur le guéridon.

Pardon , messieurs... Mais pendant que Mme Maurice est à l'église, je la remplace, et j'apporte à notre malade la potion que vous avez ordonnée, monsieur Gerfaut... Je serais entrée en même temps que vous, si Antoine ne m'avait retenue, là, dans ce corridor... Il y fait noir... Je ne le savais pas là... et j'ai eu peur...
(Elle dépose la théière sur le guéridon, et remet en place la chaise sur laquelle était assis Gerfaut.)

CHARLES.

Dites-moi, madame... qui a préparé cette potion ?

CHARLOTTE.

Madame, comme toujours.

CHARLES.

Personne autre que Mme Maurice ne prend ce soin, d'ordinaire ?

CHARLOTTE.

Personne autre... Oh ! elle ne le voudrait pas.

GERFAUT, bas, à Charles.

Je te l'avais bien dit... (Haut.) Madame... ne laissez entrer personne, entendez-vous ?... pas même Mme Maurice.

CHARLOTTE, à part.

Qu'est-ce que ça veut dire ?...
(Elle sort par le fond. Charles est près du guéridon. — Gerfaut près de Maurice.)

SCÈNE X.

GEORGES, CHARLES, GERFAUT.

GEORGES, qui se contenait à peine devant Charlotte.

Oh ! j'étais en délire tout à l'heure... vous n'avez pas dit...

CHARLES.

C'est une horrible lumière que nous venons de jeter dans votre âme... Mais il le fallait pour qu'à l'avenir vous pussiez vous tenir sur vos gardes.

GEORGES.

Eh quoi ! vous voulez que je voie des assassins dans de vieux serviteurs... dans des amis de vingt ans... D'ailleurs, vous l'avez entendu... ma femme seule... prépare tous ces breuvages, et c'est toujours sa main qui me les présente.

GERFAUT.

Oh ! je connais Mme Maurice... loin de moi un doute qui flétrirait et sa vertu et son amour pour vous.

GEORGES , à part.

Son amour !...

(Charles a tiré une clé de sa poche et ouvert son nécessaire. Il en a tiré un flacon qu'il examine avec soin ; puis, prenant le verre qui est resté sur le guéridon , il l'essuie avec son mouchoir, prend la théière et verse dans le verre quelques gouttes de la potion.)

GEORGES, qui l'a suivi des yeux.

Que faites-vous donc, monsieur ?

CHARLES, gravement.

Mon devoir.

GERFAUT.

Il est indispensable de tout examiner, maintenant.   (Il se rapproche de Charles pour l'aider.)

GEORGES, à part.

Mon Dieu ! pourquoi tremblé-je ainsi ?...

(Charles verse dans le verre quelques gouttes de la liqueur contenue dans le flacon. Aussitôt, de blanche qu'elle était, la potion devient noire comme de l'encre. — Les deux médecins échangent un regard, puis Charles dépose le verre, et sa voix devient émue et tremblante.)

CHARLES, gravement.

De quelque part que vienne ce breuvage, quelle que soit la main qui l'a préparé... sur mon honneur et devant Dieu , je déclare ce breuvage empoisonné !...

GEORGES, se levant, avec désespoir.

Oh ! c'est impossible !... votre science est un mensonge... une calomnie !...

(Il court au guéridon.)

GERFAUT.

Il a dit la vérité !

GEORGES.

Oh ! mon Dieu ! mon Dieu !...

GERFAUT.

Je ne puis soupçonner Mme Maurice...

GEORGES.

Monsieur, ce soupçon serait un blasphème, un crime...

GERFAUT.

Cependant il est indispensable que je la voie , que je l'interroge...

GEORGES, debout, s'appuyant sur le guéridon.

Vous... Non, non, pas vous... c'est à moi, messieurs... à moi seul... Je vais la faire appeler. Entrez là, dans ma chambre... (Il indique la porte, au troisième plan, à droite du spectateur.) et laissez-moi seul avec elle... Sur votre honneur et devant Dieu, m'avez-vous dit... la mort est là...

(Il montre la théière.)

CHARLES, avec dignité.

Sur notre honneur et devant Dieu !

GEORGES, tombant sur le fauteuil, près du guéridon.

C'est bien , messieurs.

(Gerfaut fait entrer Charles et le suit.)

SCÈNE XI.

GEORGES, seul.

Eh quoi ! .. ces soins... cette sollicitude d. tous les instans n'auraient été que le calcul d'une adroite hypocrisie ?... Que voulait me faire entendre Antoine, tout à l'heure, en me disant : Si tu veux vivre, ne te hâte pas de justifier ta femme ? N'attendait-elle qu'un moment favorable pour frapper le dernier coup ? voulait-elle ainsi sauver son amant ?... Son amant !... ah ! tous mes transports jaloux se réveillent... (Il se lève. A ce moment, la porte du fond s'ouvre violemment, et Hortense, couverte d'une mante noire, entre, pâle et tout en désordre.) La voilà !

SCÈNE XII.

GEORGES, HORTENSE.

HORTENSE.

Oh ! mon Dieu ! mon Dieu !...

(Elle entre et s'appuie sur un fauteuil.)

GEORGES, la regardant.

Qu'est-il arrivé ?

HORTENSE , cherchant à se remettre.

Une chose étrange... inconcevable... J'étais à l'église... je voulais prier pour vous...

GEORGES, avec amertume.

Pour moi !

HORTENSE.

A peine y étais-je entrée, que tout le monde sembla s'éloigner de moi. Le malheur est dans notre maison, me disais-je, et le malheur les épouvante... Mais, lorsqu'après avoir prié, je relevai la tête, tous les regards étaient attachés sur moi... et ces regards n'exprimaient ni l'effroi ni la compassion... c'était... c'était de l'horreur !

GEORGES , à part , et retombant sur le fauteuil, à gauche.

Ainsi, tout le monde l'accuse !...

HORTENSE.

Effrayée, je repris le chemin de cette maison... Pendant la route, je crus que j'allais devenir folle ; car il me semblait entendre un bruit de voix confuses, des cris, des menaces... Oh ! c'était un rêve, n'est-ce pas ?.. Oui, c'était un rêve... (Elle jette sa mante sur la chaise qui est restée près du fauteuil, à droite.) Voyons, oublions cela, et ne songeons plus qu'à vous... (Elle se rapproche de son mari, puis, passant derrière lui, examine le guéridon.) Mme Antoine a-t-elle fidèlement exécuté mes instructions ?...

GEORGES, regardant Hortense qui est ainsi placée en face de lui, et versant le contenu de la théière dans une tasse.

C'est elle qui a préparé cela ?

HORTENSE, avec candeur.

Non, c'est moi...

GEORGES, ne la quittant pas des yeux.

Vous !... toujours?

HORTENSE.

Toujours.

GEORGES, à part.

Nul trouble sur son visage... nulle émotion dans sa voix...

HORTENSE, lui prenant la main.

Votre main est brûlante... Pourquoi M. Gerfaut ne m'a-t-il pas attendue?

GEORGES, à part, et se détournant.

Sa main ne tremble pas... Oh ! ce n'est pas elle... ce n'est pas elle !...

(La porte du fond s'entr'ouvre.)

LE DOMESTIQUE.

Pardon, monsieur... M. Antoine, n'osant braver la défense, m'a chargé de vous remettre ce petit mot et ce paquet...

GEORGES, se remettant.

Que peut-il avoir à m'écrire? Donne.

(Le domestique s'approche, remet une lettre et un petit paquet de papier.)

HORTENSE, au domestique.

Antoine est revenu ?

LE DOMESTIQUE, sortant.

Oui, madame, depuis une heure à peu près...

(Hortense referme la porte sur le domestique, prend sa mante, puis remet en place la chaise sur laquelle elle l'avait jetée d'abord. Pendant ce temps, Georges a ouvert la lettre.)

GEORGES, à part, et lisant.

« En présence de Paul, de Mariette et de Julien Maillard, j'ai trouvé ce paquet dans la chambre de ta femme... tu pourras en reconnaître le contenu... » (Georges ouvre le paquet et jette un cri.) Ah !

HORTENSE, courant à lui et à sa gauche.

Qu'avez-vous donc, mon ami ?

GEORGES.

Plus de doute !...

HORTENSE.

Vous êtes moins bien que tantôt... c'est que je n'étais plus là... Tenez... vous n'avez pas même touché à cette potion...

GEORGES.

A cette potion que vous avez préparée?

HORTENSE.

Sans doute.

LA DAME DE SAINT-TROPEZ.

GEORGES, se levant et se contenant à peine.

Avez-vous, cette fois, mieux calculé la dose?... avez-vous eu pitié enfin d'une agonie que vous pouviez abréger ?...

HORTENSE.

Oh ! mon Dieu ! encore du délire !...

GEORGES.

Du délire... oh ! non pas... c'est quand je vous pardonnais, c'est quand je me livrais à vous, que j'étais en délire... c'est quand je doutais de votre crime, que j'étais en délire...

HORTENSE.

Je ne vous comprends pas, monsieur, que voulez-vous dire?...

GEORGES, éclatant.

Je dis... que vous êtes une empoisonneuse !

HORTENSE, reculant avec horreur jusqu'au fauteuil à droite.

Ah !...

GEORGES.

Je dis que c'est la mort que vous m'offrez... car ma mort sauvait votre amant... ma mort... vous faisait riche... et la mort est là-dedans !...

(Il frappe avec la main sur la théière.)

HORTENSE.

Horreur !...

(Elle s'élance sur la tasse et la porte à ses lèvres.)

GEORGES, la lui arrachant.

Malheureuse !

HORTENSE.

Qui ose me soupçonner ?

GEORGES.

On fait plus... on vous accuse.

HORTENSE.

Qui donc ?

GEORGES.

Vous allez le savoir. (Allant à la porte de sa chambre.) Venez... venez, messieurs !...

<hr>

SCÈNE XIII.

LES MÊMES, CHARLES et GERFAUT.

GEORGES, prenant Charles par la main.

Voilà votre accusateur... (Montrant Hortense.) Voilà mon assassin!

HORTENSE.

Charles !

CHARLES, courant à elle.

Hortense !

GEORGES, avec surprise.

Ils se connaissent !

CHARLES.

Oh ! cette femme est innocente.

GEORGES.

Innocente !

CHARLES.

Je le jure ! je l'atteste.

HORTENSE.

Oh ! tu ne me crois pas coupable, toi !

GEORGES, reculant avec horreur.

Toi !... c'était donc toi !... (S'élançant sur Charles.) Ah ! ton nom... ton nom ?...

CHARLES.

Charles d'Arbel.

GEORGES, s'éloignant de Charles.

D'Arbel !... d'Arbel !... Oh ! malheur ! malheur !...

(Il tombe à la renverse. — On accourt à lui.)

ACTE CINQUIÈME.

Quelques heures après le quatrième acte.

La chambre à coucher de Georges. — Tenture sombre, meubles simples. — Au premier plan, à gauche du spectateur, une commode couverte de fioles, de tasses et de linge. — Deux tiroirs de cette commode sont entr'ouverts. — Au deuxième plan, une fenêtre de plain-pied. — Au troisième, une porte en boiserie. — Au quatrième plan, au fond un lit de repos, dont la tête est enveloppée par un paravent ; devant, un petit guéridon sur lequel sont posées une lampe avec réflecteur et une tasse dans sa soucoupe. — Au quatrième plan, au fond, au pied du lit de repos et perdue dans la tenture, une porte. — Au troisième plan, à droite du spectateur, une porte en boiserie. — Au deuxième plan, une fenêtre. — Au premier plan, un meuble pouvant servir de bureau et de toilette. Ce meuble est surmonté d'une véritable glace d'un mètre environ. Ce meuble doit être placé juste en face de la commode, de telle sorte que tout ce qui se passe devant cette commode se réfléchisse dans la glace. — Sur le bureau, deux bougies, encrier, plumes, papier. — Sur la commode, une sonnette, une veilleuse en porcelaine ; sur la veilleuse, une petite théière. — Au premier plan, à droite, et tout près du meuble à glace, une causeuse. — Devant le lit de repos, et devant la causeuse, un tapis de pied. — Fauteuil près de la commode. — Fauteuil, au pied du lit de repos. — Au lever du rideau, une demi-obscurité.

SCÈNE I.

ANTOINE, GEORGES, GERFAUT.

(Au lever du rideau, Georges est endormi, couché sur le lit de repos et à demi caché par le paravent. — Gerfaut, assis devant le meuble à glace, écrit une ordonnance. — Antoine, debout au pied du lit de repos, semble observer Maurice.)

ANTOINE, à part.

Depuis hier, il n'a fait que passer de ces terribles crises à ce sommeil pénible et lourd !... Quand la fièvre redoublait, il a dit des paroles... il a prononcé des noms qui me faisaient trembler !... Ce d'Arbel dont il ne parlait jamais, il semblait l'avoir revu, il l'appelait !... S'il allait, à son réveil, confier à quelque autre le secret des deux cent milles livres !... on saurait bientôt que je n'ai pas été à Paris, que je n'ai pas vu ce d'Arbel, que j'ai gardé la somme... Une fois sur la trace... qui sait où les soupçons s'arrêteraient ?... Non, non, il ne parlera pas... dussé-je en finir d'un seul coup !...

(Tout en parlant, il s'est éloigné du lit et a fini son à-part près de la commode, sur laquelle il frappe du poing.)

GERFAUT, se levant au bruit.

Chut !... Il faudrait tenir prêt le calmant que je viens de prescrire... Veuillez dire...

ANTOINE, prenant l'ordonnance.

Je cours le chercher moi-même, monsieur le docteur.

(Antoine sort par la porte à droite du spectateur. — Mme Langlois entre par la porte à gauche.)

SCÈNE II.

GERFAUT, PAULINE, sur le seuil de la porte, hésitant à entrer.

GERFAUT, allant à elle.

Madame Langlois !...

PAULINE, à demi-voix.

Eh bien ! docteur ?

GERFAUT, lui montrant le lit de repos.

Voyez...

PAULINE, allant sur la pointe des pieds jusqu'au lit de repos, regarde un instant Maurice, puis revient tristement à la droite de Gerfaut.

Ah ! mon Dieu ! vous n'avez plus d'espoir !

GERFAUT, après un silence.

Où est Charles?

PAULINE, bas.

Parti pour le village de Cerny.

GERFAUT.

Parti ?

PAULINE.

Il a appris par moi qu'une lettre, que lui avait
écrite Hortense, était tombée, par trahison sans
doute, dans les mains de M. Georges... Il a voulu
savoir d'où venait cette trahison ; il lui semblait
que cet ennemi secret qui complotait la perte
d'Hortense, était peut-être aussi l'assassin de
Georges.

GERFAUT.

Puisse-t-il réussir dans ses recherches !... Sau-
vons du moins la pauvre femme, puisque nous ne
pouvons les sauver tous deux !

(Hortense paraît sur le seuil de la porte à gauche du
spectateur. Gerfaut et Pauline courent à elle pour
l'empêcher d'entrer.)

SCÈNE III.

LES MÊMES, HORTENSE.

GERFAUT.

Madame ! n'entrez pas ! n'entrez pas !...

HORTENSE.

Laissez, laissez, mon ami... je veux le voir...

GERFAUT.

C'est impossible !

HORTENSE.

Je veux le voir, vous dis-je.

PAULINE.

Songe qu'il peut s'éveiller d'un moment à
l'autre !

HORTENSE.

C'est pour attendre son réveil que je suis venue, docteur ; vous ne me ferez pas changer de
résolution... Ma place est ici !...

(Elle s'échappe et va se placer sur le fauteuil au pied
du lit. — Gerfaut et Pauline sont restés à la tête du
lit, car, au même instant, on a vu Maurice s'agiter
sur son lit.)

GEORGES, s'éveillant à demi.

Hortense... Charles... ensemble... toujours ensemble... (Il se dresse sur son séant et regarde autour de lui. Gerfaut ouvre alors doucement le paravent. Hortense, quand Georges est sur son séant, a
glissé du fauteuil et s'est mise à genoux sans parler.
Georges la regarde.) A genoux ?... Priez-vous
pour celui qui meurt... ou demandez-vous grâce
pour celle qui se repent ?...

HORTENSE.

Je vous demande grâce, Georges, pour une pauvre femme dont l'âme est brisée de douleur et
que vos soupçons tuent !... (Sanglotant.) Par pitié, ne me renvoyez pas !...

GEORGES.

Vous renvoyer... non... j'allais vous faire appeler... Docteur, et vous, madame... laissez-nous...
laissez-nous.

(Après quelque hésitation, Gerfaut et Pauline sortent
par la porte à gauche du spectateur.)

SCÈNE IV.

GEORGES, HORTENSE.

GEORGES, toujours assis sur son lit.

Relevez-vous.

HORTENSE.

Non.

GEORGES, toujours assis sur son lit.

Relevez-vous, madame... cet entretien sera le
dernier que nous aurons ensemble.

HORTENSE, se levant et se plaçant sur le fauteuil.

Le dernier !

GEORGES.

Je n'ai plus que quelques instans à vivre... que
deviendrez-vous si je ne les emploie pas à vous
sauver ?

HORTENSE.

Me sauver !... C'est à moi, c'est à mon salut
que vous songez dans un pareil moment !... Me
sauver ?... vous ne me croyez donc plus coupable ?...

GEORGES.

Dites que je vous aime toujours et que je vous
pardonne !

HORTENSE, avec désespoir.

Vous me pardonnez ! A moi... qui donnerais
mon sang pour vous... vous me pardonnez votre
mort !... A moi qui suis une honnête femme ! vous
me pardonnez votre déshonneur !... Oh! c'est
horrible !...

GEORGES.

Il y a deux êtres au monde pour lesquels j'aurais donné sans regrets cette vie que l'on m'arra-
che. (Mouvement d'Hortense.) Vous et Charles
d'Arbel.

HORTENSE.

Charles d'Arbel !

GEORGES.

Oui... j'avais élevé son enfance, assuré son
avenir...

HORTENSE.

Eh ! quoi, ce protecteur inconnu, cette provi-
dence qui veillait sur Charles...

GEORGES.

C'était un homme dont le bras avait frappé un

innocent, lorsqu'il croyait punir un traître à la patrie...

HORTENSE.

Ce matelot qui tua M. d'Arbel, sur le vaisseau le *Sévère*...

GEORGES.

C'était moi.

HORTENSE.

Vous !

GEORGES.

Quand, plus tard, l'innocence de M. d'Arbel fut reconnue, je jurai de servir de père à l'enfant que j'avais fait orphelin. Dans mon amour pour vous, dans notre union, j'avais cru voir le pardon de cette fatale erreur !... Mais Dieu n'avait pas été si clément pour moi... vous deviez être, au contraire, l'instrument de la vengeance céleste !... Vous me tuez, madame, vous me tuez... et c'est pour être à Charles d'Arbel !...

HORTENSE, avec désespoir.

Ah! monsieur... monsieur !... par tout ce que vous avez fait pour lui et pour moi... je vous jure que je ne suis pas coupable... je vous jure que je ne suis pas une femme qui assassine son mari !

GEORGES.

Savez-vous que si je meurs... toutes les voix s'élèveront pour vous accuser ?...

HORTENSE.

Je le sais.

GEORGES.

Eh bien ! je veux vous arracher aux dangers qui vous menacent... je veux assurer votre fuite !

HORTENSE, se levant avec force et dignité.

Et moi, je veux rester... monsieur !

GEORGES, avec effroi.

Rester!... Mais la justice est peut-être prévenue... Je ne pourrai pas l'éloigner long-temps de cette maison.

HORTENSE, allant à la commode, sur laquelle est une sonnette.

Et moi, je l'y ferai venir.

GEORGES, se levant à demi.

Comment ? (Hortense sonne.) Que faites-vous ?

(Un domestique entre par la porte à droite du spectateur.)

HORTENSE, au domestique.

Montez à cheval, et portez à l'instant cette lettre à son adresse.   (Le domestique salue et sort.)

GEORGES, assis au pied de son lit.

Que contient cette lettre?... A qui donc avez-vous écrit?

HORTENSE.

Vous demandez ce que contient cette lettre?... Elle renferme le récit de tout ce qui se passe ici... la dénonciation d'un crime commis sur vous... (On entend le galop d'un cheval.) Et ce serviteur qui part porte ma lettre au lieutenant criminel !

GEORGES, se lève.

Malheureuse... trop de preuves vous accusent... vous êtes perdue... ils vous condamneront !

SCÈNE V.

LES MÊMES, PAULINE.

PAULINE, entrant par la porte de gauche.
Hortense !...

GEORGES, se traînant à elle.

Ah ! madame !... vous êtes son amie, presque sa sœur... sauvez-la... arrachez-la d'ici !...

PAULINE.

Comment?

GEORGES.

Moi... je ne peux plus... l'émotion... la douleur... la mort... je ne sais plus... je ne vois plus... ma tête se perd...

(Il va tomber sur la causeuse, à droite.)

PAULINE, bas à Hortense, qu'elle éloigne un moment de Georges, et qu'elle attire à gauche.

Charles est de retour... il a vu l'aubergiste de Cerny ; il croit être sur les traces de la vérité... il veut te voir... te parler... *

HORTENSE.

Je te suis...

GEORGES, sur la causeuse.

Vous partirez, n'est-ce pas ?

ANTOINE, paraissant à la porte de droite.
Partir !

HORTENSE.

Je vous l'ai dit, Georges, j'attendrai la justice !
(Elle sort, par la gauche, avec Pauline, après avoir, du geste, recommandé Maurice à Antoine.)

SCÈNE VI.

GEORGES, ANTOINE.

ANTOINE.

Partir !... la justice !... Que dit-elle donc?...

GEORGES, se levant.

Ah! c'est toi... écoute, Antoine, écoute... il faut que tu l'emmènes !

ANTOINE.

L'emmener !

GEORGES.

Loin d'ici !... dans un pays où nos lois ne puissent l'atteindre.

ANTOINE.

Emmener ta femme ?... Mais pourquoi ?

GEORGES.

Parce qu'elle se perd, parce que, dans un instant, le lieutenant criminel sera ici !...

ANTOINE, avec terreur.

Déjà !...

GEORGES.

Ah ! tu trembles... tu frémis comme moi !

ANTOINE, atterré.

Le lieutenant criminel !

GEORGES.

Tu vois bien qu'il faut qu'elle parte à l'instant...
tu donneras des ordres... Attends... elle ne te sui-
vrait pas... il n'y a qu'un homme... un seul, qui
puisse la décider à partir... à vivre... Charles
d'Arbel.

ANTOINE.

Charles d'Arbel !... (A part.) Encore !...

GEORGES.

Je le verrai... je lui parlerai...

ANTOINE, surpris.

Le voir... lui parler ?...

GEORGES.

Tu le préviendras... tu me l'amèneras.

ANTOINE.

Mais, tu n'y songes pas... où le rencontrer, où
le trouver maintenant ?

GEORGES.

Est-ce qu'il a quitté cette maison ?

ANTOINE, effrayé.

Cette maison ?...

GEORGES.

Tu ne l'as donc pas vu ?

ANTOINE.

Moi !... (A part.) Oh ! s'il n'est pas fou, je suis
perdu !...

GEORGES.

C'est lui que le docteur Gerfaut m'a amené
hier.

ANTOINE.

Lui !

GEORGES.

Va, amène-le... Je le veux !

ANTOINE, à part.

S'il entre dans cette chambre, s'ils se revoient,
tout est découvert !

(Fausse sortie. — Il va fermer la porte à droite.)

GEORGES, allant s'asseoir sur la causeuse.

Si près de la mort, il ne doit rester dans le
cœur... ni haine... ni jalousie... (A Antoine.) Eh
bien ?

ANTOINE, froidement, et comme s'il revenait du
dehors.

Il est parti...

GEORGES, avec désespoir.

Parti !... O mon Dieu !... comment la sauver
maintenant ? (Moment de silence.) Ah ! (A part.) Si
je faisais croire à un suicide... Oui, elle en aimait
un autre... et... je me suis tué... ils me croi-
ront !...

(Pendant cet à-parté, Antoine est allé doucement
pousser le verrou de la porte à gauche.)

ANTOINE, à part.

Personne n'entrera plus ici !...

GEORGES, qui s'est mis à écrire.

Antoine, appelle... appelle quelqu'un...

ANTOINE.

Que veux-tu ?

GEORGES.

La potion que le docteur... Elle me soutiendra
quelque temps encore, et me donnera le temps
d'achever...

ANTOINE, après un mouvement et un coup d'œil jeté
sur la théière.

Elle est là...

GEORGES, écrivant.

Elle me devra son salut.

(Ici, musique en sourdine jusqu'à l'entrée d'Hortense.
— Antoine va prendre sur le petit guéridon la tasse
qui s'y trouvait, puis revient à la commode. Il prend
la théière sur la veilleuse, et verse le contenu dans
la tasse ; puis il tire de sa poche un papier qu'il
ouvre, et dans lequel est une poudre blanche qu'a-
près un moment d'hésitation il jette dans la tasse :
avant, il s'est assuré que Georges, qui lui tourne le
dos et qui écrit, ne peut pas le voir. Antoine a fait
cela tout en parlant.)

ANTOINE.

S'il parle, la misère et l'échafaud... s'il meurt,
l'impunité pour moi... la fortune pour mon fils...
Allons !...

GEORGES, écrivant.

« Qu'on n'accuse personne de ma mort... »

(Il voit dans la glace, au dessus du meuble, le mouvement d'Antoine ; il se retourne et le regarde avec
horreur. — Antoine, après avoir versé le poison,
apporte la tasse et la présente à Georges en détournant les yeux ; mais Georges se dresse debout
en lui saisissant le bras. — Antoine se retourne et
recule à l'aspect de Georges, debout et menaçant.
La tasse, échappée des mains d'Antoine, tombe aux
pieds de Georges.)

GEORGES.

Assassin !...

ANTOINE, épouvanté.

Ah !

GEORGES.

C'était toi !... toi qui me tuais !...

ANTOINE.

Silence !.. et, puisque tu sais tout... tu empor-
teras mon secret dans la tombe !...

GEORGES, allant au fond.

Non... on viendra à mon secours... Hortense !
Charles ! à moi !...

ANTOINE.

Ils arriveront trop tard !...

(Il renverse Georges sur son lit. A ce moment, Hortense sort par la porte perdue dans la tenture, et
qu'Antoine n'a pas songé à fermer. Cette porte est
au pied du lit, à droite. — Hortense s'est élancée
entre Antoine et son mari, qu'elle couvre de son
corps.)

HORTENSE, jetant un cri d'horreur et d'effroi.

Ah ! misérable ! ! !

(Antoine, épouvanté, recule vers la fenêtre, à gauche. — Pauline, qui est entrée à la suite d'Hortense, ouvre la porte à droite qu'avait fermée Antoine.— Aussitôt les ouvriers, attirés par le bruit, entrent en scène.—Au même instant la porte à gauche est enfoncée par Charles, Gerfaut et les domestiques. — A la vue de tout ce monde, Antoine a ouvert la fenêtre à gauche.)

ANTOINE.

Ah ! pas d'échafaud !...

(Il se précipite par la fenêtre.— Gerfaut et quelques ouvriers courent à la fenêtre ; Charles est allé à Georges.)

GEORGES, se relevant avec joie, et serrant Hortense sur son cœur.

Innocente !... elle était innocente !...

LES OUVRIERS.

Innocente !

GEORGES, aux ouvriers.

Antoine était mon meurtrier !...

LES OUVRIERS.

Antoine !

GERFAUT, qui a regardé par la fenêtre, s'en éloignant avec horreur.

Mort !

(Georges, rassemblant ses dernières forces, est debout au milieu du théâtre. Hortense, à sa gauche, est à genoux, et semble le remercier d'avoir proclamé son innocence. — Pauline est près d'Hortense. — Les ouvriers, tête nue et en silence, regardent avec attendrissement leur maître qui se meurt.—Charles est debout, à la droite de Maurice ; un peu en arrière , Gerfaut soutient le mourant, dont cet effort est le dernier. — En arrière, à droite et à gauche, les valets et ouvriers, émus et silencieux. — Musique jusqu'à la fin de l'acte.)

GEORGES, à tous.

A genoux, devant elle, que vous avez soupçonnée... (Relevant Hortense.) devant elle, sainte et pure comme les anges !... Hortense... pour que Dieu me pardonne... pardonnez-moi... Et vous, Charles... quand je ne serai plus, devenez son appui... Charles, quand vous prierez pour votre père... priez aussi pour moi... (Il tombe dans les bras de Gerfaut. Hortense jette un cri d'effroi. — Tout le monde fait un mouvement vers Maurice. — Tableau.)

FIN DE LA DAME DE SAINT-TROPEZ.

S'adresser, pour la musique du drame, à **M. ADOLPHE**, au théâtre de la Porte-Saint-Martin.

L'action se passant rigoureusemen en 1781, le costume et la coiffure du temps sont de rigueur.

Maurice, Antoine et Charlotte, seuls, ne portent pas de poudre.

COSTUMES DES PRINCIPAUX PERSONNAGES.

GEORGES MAURICE. — *Au premier acte.* — Grande redingote à la Saxe, couleur marron, boutons d'acier, culotte collante en drap bleu, bottes sur la culotte, gilet blanc à grands revers, chapeau de castor, boucle d'acier, canne.

Au deuxième acte. — Habit vert, habit de voyage, mais de forme élégante et avec galons d'or, culotte collante de drap gris perle, bottes, gilet blanc.

Au troisième acte. — Culotte noire, bottes, gilet rouge, caban jeté sur les épaules, tête nue.

Au quatrième acte. — Même culotte, bas gris, souliers à boucles, gilet rouge, habit marron, boutons d'acier.

Au cinquième acte. — Grande robe de chambre de bazin blanc, croisant sur la poitrine, pantalon à pied en bazin blanc, col de chemise ouvert, pas de gilet, coiffure en désordre, pantoufles aux pieds.

ANTOINE. — *Au troisième acte.* — Chapeau de feutre blanc, large ruban autour, longue veste en gros drap brun, doublé de velours noir, gilet blanc à fleurs, cravate rouge jetée autour du cou et attachée par une énorme épingle, culotte large en velours gris foncé, et tombant à mi-jambe, bas couleur brique, souliers à boucles.

Au quatrième acte. — Même costume, seulement un manteau de voyage.

Au cinquième acte. — Même costume, mais plus de chapeau.

HORTENSE. — *Au premier acte.* — Robe de soie noire, dessous de soie grise, dentelles noires.

Au deuxième acte. — Costume de voyage, robe de soie, couleur foncée, robe montante, une mante noire.

Au troisième acte. — 1er *Costume.* Habit d'amazone en drap ou mérinos vert, chapeau de feutre avec boucle d'or et ruban noir.
— 2me *Costume.* Robe de mousseline blanche, mantille de dentelle noire, croisée et attachée.

Au quatrième acte. — Robe de soie grise, mantille de dentelle noire, croisée et attachée.

Au cinquième acte. — Même costume.

Mme LANGLOIS. — *Au premier acte.* — Costume du temps, riche et de bon goût ; robe de satin broché rose, dessous de satin blanc, dentelles blanches, plumes roses dans la coiffure, éventail.

Au troisième acte — Costume de voyage ; robe de pékin rayé bleu et blanc, chapeau de feutre noir avec plume blanche.

Au quatrième acte. — Costume négligé ; robe de mousseline ouverte, dessous de soie jaune paille, dentelle jetée sur la tête et nouée sous le menton.

Au cinquième acte. — Même costume.

CHARLOTTE. — Bonnet noué sur la tête avec un large ruban noir, corsage de velours noir, petite mantille en mousseline blanche, large plaque d'or pendue au cou, jupon rouge avec deux bandes de velours noir au bas, chaîne d'or au côté, bas à coins brodés, souliers à boucles.

CHARLES D'ARBEL. — *Au premier acte.* — Habit à la française, costume de fantaisie.

Au deuxième acte. — Redingote brune à la Saxe, pantalon collant, bottes, gilet à larges revers.

Au quatrième acte. — Habit à la française, costume noir.

Au cinquième acte. — Même costume.

M. Gerfaut, comme Charles d'Arbel au quatrième acte. — Les ouvriers, à peu près comme Antoine.

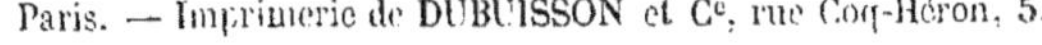

Paris. — Imprimerie de DUBUISSON et Cᵉ, rue Coq-Héron, 5.